RECUEILLEMENS

POÉTIQUES

SIXIÈME ÉDITION

PARIS
LIBRAIRIE DE CHARLES GOSSELIN
LIBRAIRIE DE FURNE ET Cie

M DCCC XL

ŒUVRES

DE

A. DE LAMARTINE

RECUEILLEMENS POÉTIQUES

IMPRIMERIE DE H FOURNIER ET Ce, 14 RUE DE SEINE.

RECUEILLEMENS

POÉTIQUES

PAR

ALPHONSE DE LAMARTINE

Sixième Édition

PARIS

LIBRAIRIE DE CHARLES GOSSELIN

9, RUE SAINT-GERMAIN-DES-PRÉS

LIBRAIRIE DE FURNE ET Cⁱᵉ

55, RUE SAINT-ANDRÉ-DES-ARTS

M DCCC XXXIX

LETTRE

A

M. LÉON BRUYS D'OUILLY,

SERVANT DE PRÉFACE

—⸺o⸺—

Je vous envoie, mon cher ami, le petit volume de poésies nouvelles que M. Charles Gosselin réclame et que vous voulez bien vous charger de lui porter parmi vos bagages. Les poètes seuls doivent se charger de ces commissions à la fois sérieuses et futiles, comme on ne donne les choses légères à porter qu'aux mains des enfans.

Mon éditeur ne se contente pas de vers ; il veut encore un titre. Dites-lui d'appeler ce volume *Recueillemens poétiques*. Ce titre rend parfaitement l'impression que j'ai eue en écrivant ces poésies. C'est le nom des heures que j'y ai trop rarement consacrées.

Vous me demandez, mon cher ami, comment, au milieu de mes travaux d'agriculteur, de mes études philosophiques, de mes voyages et du mouvement politique qui m'emporte quelquefois dans sa sphère tumultueuse et passionnée, il peut me rester quelque liberté d'esprit et quelques heures d'audience pour cette poésie de l'ame qui ne parle qu'à voix basse dans le silence et dans la solitude! C'est comme si vous demandiez au soldat ou au matelot s'il leur reste un moment pour penser à ce qu'ils aiment et pour prier Dieu, dans le bruit du camp ou dans l'agitation de la mer. Tout homme a en soi une merveilleuse faculté d'expansion et de concentration, de se livrer au monde sans se perdre soi-même, de se quitter et de se retrouver tour à tour. Voulez-vous que je vous dise mon secret? c'est la division du temps; son heure à chaque chose, et il y en a pour tout. Bien entendu que je parle de l'homme qui vit comme nous, à cent lieues de Paris et à dix lieues de toute ville, entre deux montagnes, sous son chêne ou sous son figuier. Et puisque vous voulez le récit vrai et confidentiel d'une de mes journées de paysan que vous trouvez trop pleines et que je sens si vides, tenez, le voilà : prenez et lisez, comme dit solennellement le grand poète des Confessions, J.-J. Rousseau.

Mais d'abord souvenez-vous que, pour vivre ainsi double, il faut se coucher de bonne heure et que votre lampe s'éteigne quand la lampe du tisserand et celle de la fileuse brillent encore, comme des étoiles tombées à terre, à travers les branches, sur les flancs noirs de nos collines. Il faut entendre en s'endormant les chants éloignés des jeunes garçons du village qui reviennent de la veillée dans les étables, et qui se répondent en s'affaiblissant comme une sonore invitation au sommeil.

Suadentque cadentia sidera somnos.

Notre ami et maître Virgile savait tout cela.

Quand donc l'année politique a fini, quand la chambre, les conseils généraux de département, les conseils municipaux de village, les élections, les moissons, les vendanges, les semailles me laissent deux mois seul et libre dans cette chère masure de Saint-Point que vous connaissez, et où vous avez osé coucher quelquefois sous une tour qui tremble aux coups du vent d'ouest, ma vie de poète recommence pour quelques jours. Vous savez mieux que personne qu'elle n'a jamais été qu'un douzième tout au plus de ma vie réelle. Le bon public qui ne crée pas comme Jéhova l'homme à son image, mais qui le défigure à sa fantaisie, croit que j'ai passé trente années de ma vie à aligner des rimes et à contempler les étoiles ; je n'y ai pas employé trente mois, et la poésie n'a été pour moi que ce qu'est la prière, le plus beau et le plus intense des actes de la pensée, mais le plus court et celui qui dérobe le moins de temps au travail du jour. La poésie, c'est le chant intérieur. Que penseriez-vous d'un homme qui chanterait du matin au soir ? Je n'ai fait des vers que comme vous chantez en marchant quand vous êtes seul débordant de force dans les routes solitaires de vos bois. Cela marque le pas et donne la cadence aux mouvemens du cœur et de la vie. Voilà tout.

L'heure de ce chant pour moi, c'est la fin de l'automne; ce sont les derniers jours de l'année qui meurt dans les brouillards et dans les tristesses du vent. La nature âpre et froide, nous refoule alors au-dedans de nous-mêmes ; c'est le crépuscule de l'année; c'est le moment où l'action cesse au dehors. Mais l'action intérieure ne cessant jamais, il faut bien employer à quelque chose ce superflu de force qui se convertirait en mélancolie dévorante, en désespoir et en démence, si on ne l'exhalait pas en prose ou en vers! Béni soit celui qui a inventé l'écriture, cette conversation de l'homme avec sa propre

pensée, ce moyen de le soulager du poids de son
ame ! Il a prévenu bien des suicides !

A ce moment de l'année, je me lève bien
avant le jour; cinq heures du matin n'ont pas
encore sonné à l'horloge lente et rauque du clocher qui domine mon jardin, que j'ai quitté mon
lit, fatigué de rêves, rallumé ma lampe de cuivre
et mis le feu au sarment de vigne qui doit réchauffer ma veille dans cette petite tour voûtée,
muette et isolée, qui ressemble à une chambre
sépulcrale habitée encore par l'activité de la vie.
J'ouvre ma fenêtre; je fais quelques pas sur le
plancher vermoulu de mon balcon de bois. Je regarde le ciel et les noires dentelures de la montagne qui se découpent nettes et aiguës sur le bleu
pâle d'un firmament d'hiver, ou qui noient leurs
cimes dans un lourd océan de brouillards ; quand
il y a du vent, je vois courir les nuages sur les

dernières étoiles qui brillent et disparaissent tour à tour comme des perles de l'abime que la vague recouvre et découvre dans ses ondulations. Les branches noires et dépouillées des noyers du cimetière se tordent et se plaignent sous la tourmente des airs, et l'orage nocturne ramasse et roule leur tas de feuilles mortes qui viennent bruire et bouillonner au pied de la tour comme de l'eau. A un tel spectacle, à une telle heure, dans un tel silence, au milieu de cette nature sympathique, de ces collines où l'on a grandi, où l'on doit vieillir, à dix pas du tombeau où repose en nous attendant tout ce qu'on a le plus pleuré sur la terre, est-il possible que l'ame qui s'éveille et qui se trempe dans cet air des nuits, n'éprouve pas un frisson universel, ne se mêle pas instantanément à toute cette magnifique confidence du firmament et des montagnes, des étoiles et des prés, du vent et des arbres, et qu'une rapide et bondissante pensée ne s'élance pas du cœur pour monter à ces étoiles et de ces étoiles pour monter à Dieu ? Quelque chose s'échappe de moi pour se confondre à toutes ces choses, un soupir me ramène à tout ce que j'ai connu, aimé, perdu dans cette maison et ailleurs; une espérance forte et évidente comme la Providence, dans la nature, me reporte au sein de Dieu où tout se retrouve ; une tristesse et un enthousiasme se confondent dans quelques mots que j'articule tout haut sans crainte que personne les entende, excepté le vent qui les porte à Dieu. Le froid du matin me saisit; mes pas craquent sur le givre, je referme ma fenêtre et je rentre dans ma tour où le fagot réchauffant pétille et où mon chien m'attend.

Que faire alors, mon cher ami, pendant ces trois ou quatre longues heures de silence qui ont à s'écouler en novembre entre le réveil et le mouvement de la lumière et du jour? Tout dort dans la maison et dans la cour; à peine entend-on quelquefois un coq trompé par la lueur d'une étoile, jeter un cri qu'il n'achève pas et dont il semble se repentir, ou quelque bœuf endormi et rêvant dans l'étable pousser un mugissement sonore qui réveille en sursaut le bouvier. On est sûr qu'aucune distraction domestique, aucune visite importune, aucune affaire du jour ne viendra vous surprendre de deux ou trois heures et tirailler votre pensée. On est calme et confiant dans son loisir. Car le jour est aux hommes, mais la nuit n'est qu'à Dieu.

Ce sentiment de sécurité complète est à lui seul une volupté. J'en jouis un instant avec délices. Je vais, je viens, je fais mes six pas dans tous les sens, sur les dalles de ma chambre étroite, je regarde un ou deux portraits suspendus au mur, images mille fois mieux peintes en moi ; je leur parle, je parle à mon chien qui suit d'un œil intelligent et inquiet tous mes mouvemens de pensée et de corps. Quelquefois, je tombe à genoux devant une de ces chères mémoires du passé mort ; plus souvent, je me promène en élevant mon ame au Créateur et en articulant quelques lambeaux de prières que notre mère nous apprenait dans notre enfance et quelques versets mal cousus de ces psaumes du saint poète hébreu, que j'ai entendu chanter dans les cathédrales et qui se retrouvent çà et là, dans ma mémoire, comme des notes éparses d'un air oublié. Cela fait, et tout ne doit-il pas commencer et finir par cela ? je m'assieds près de la vieille table de chêne où mon père et mon grand-père se sont assis. Elle est couverte de livres froissés par eux et par moi ; leur vieille Bible, un grand Pétrarque in-4°, édition de Venise en deux énormes volumes, où ses œuvres latines, sa politique, ses philosophies, son *Africa* tiennent deux mille pages et où ses immortels sonnets en tiennent sept. Parfaite image de la vanité et de l'incertitude du travail de l'homme qui passe sa vie à élever un monument immense et laborieux à sa mémoire et dont la postérité ne sauve qu'une petite pierre pour lui faire une gloire et une immortalité. Un Homère, un Virgile, un volume des lettres de Cicéron, un tome dépareillé de Chateaubriand, de Goëthe, de Byron, tous philosophes ou poètes, et une petite Imitation de Jésus-Christ, bréviaire philosophique de ma pieuse mère, qui conserve la trace de ses doigts, quelquefois de ses larmes, quelques notes d'elle, et qui contient à lui seul plus de philosophie et plus de poésie que tous ces poètes et tous ces philosophes. Au milieu de tous ces volumes poudreux et épars, quelques feuilles de beau papier blanc, des crayons et des plumes qui invitent à crayonner et à écrire. Le coude appuyé sur la table et la tête sur la main, le cœur gros de sentimens et de souvenirs, la pensée pleine de vagues images, les sens en repos ou tristement bercés par les grands murmures des forêts qui viennent tinter et expirer sur mes vitres, je me laisse aller à tous mes rêves, je ressens tout, je pense à tout, je roule nonchalamment un crayon dans ma main, je dessine quelques bizarres images d'arbres ou de navires sur une feuille blanche; le mouvement de la pensée s'arrête, comme l'eau dans un lit de fleuve trop plein, les images, les sentimens s'accumulent, ils demandent à s'écouler sous une forme ou sous une autre, je me dis : écrivons. Comme je ne sais pas écrire en prose faute de métier et d'habitude, j'écris des vers. Je passe quelques heures assez douces à épancher sur le papier, dans ces mètres qui marquent la cadence et le mouvement de l'ame, les sentimens, les idées, les souvenirs, les tristesses, les impressions dont je suis plein ; je me relis plusieurs fois à moi-même ces harmonieuses confidences de ma propre rêverie ; la plupart du temps je les laisse inachevées et je les déchire après les avoir écrites. Elles ne se rapportent qu'à moi ; elles ne pourraient être lues par d'autres ; ce ne seraient peut-être pas les moins poétiques de mes poésies, mais qu'importe ! Tout ce que l'homme sent et pense de plus fort et de plus beau, ne sont-ce pas les confidences qu'il fait à l'amour, ou les prières qu'il adresse à voix basse à son Dieu ? Les écrit-il ? non sans doute, l'œil et l'oreille de l'homme les profanerait. Ce qu'il y a de meilleur dans notre cœur n'en sort jamais.

Quelques-unes de ces poésies matinales s'achèvent cependant ; ce sont celles que vous connaissez, des méditations, des harmonies, Jocelyn, et ces pièces sans nom que je vous envoie. Vous savez comment je les écris, vous savez combien je les apprécie à leur peu de valeur; vous savez combien je suis incapable du pénible travail de la lime et de la critique sur moi-même. Blâmez-moi, mais ne m'accusez pas, et en retour de trop d'abandon et de faiblesse, donnez-moi trop de miséricorde et d'indulgence. *Naturam sequere !*

Les heures que je puis donner ainsi à ces gouttes de poésie, véritable rosée de mes matinées d'automne, ne sont pas longues. La cloche du village sonne bientôt l'angelus avec le crépuscule; on entend dans les sentiers rocailleux qui montent à l'église ou au château, le bruit des sabots des paysans, le bêlement des troupeaux, les aboiemens des chiens de berger et les cahots criards des roues de la charrue sur la glèbe gelée par la nuit;

le mouvement du jour commence autour de moi, me saisit et m'entraîne jusqu'au soir. Les ouvriers montent mon escalier de bois et me demandent de leur tracer l'ouvrage de leur journée; le curé vient et me sollicite de pourvoir à ses malades ou à ses écoles; le maire vient et me prie de lui expliquer le texte confus d'une loi nouvelle sur les chemins vicinaux, loi que j'ai faite et que je ne comprends pas mieux que lui. Des voisins viennent et me somment d'aller avec eux tracer une route ou borner un héritage; mes vignerons viennent m'exposer que la récolte a manqué et qu'il ne leur reste qu'un ou deux sacs de seigle pour nourrir leur femme et cinq enfans pendant un long hiver; le courrier arrive chargé de journaux et de lettres qui ruissellent comme une pluie de paroles sur ma table, paroles quelquefois douces, quelquefois amères, le plus souvent indifférentes, mais qui demandent toutes une pensée, un mot, une ligne. Mes hôtes, si j'en ai, se réveillent et circulent dans la maison ; d'autres arrivent et attachent leurs chevaux harassés aux barreaux de fer des fenêtres basses. Ce sont des fermiers de nos montagnes en vestes de velours noir, en guêtres de cuir ; des maires des villages voisins ; de bons vieux curés à la couronne de cheveux blancs, trempés de sueur ; de pauvres veuves des villes prochaines qui seraient heureuses d'un bureau de poste ou de timbre, qui croient à la toute-puissance d'un homme dont le journal du chef-lieu a parlé, et qui se tiennent timidement en arrière sous les grands tilleuls de l'avenue avec un ou deux pauvres enfans à la main. Chacun a son souci, son rêve, son affaire ; il faut les entendre, serrer la main à l'un, écrire un billet pour l'autre, donner quelque espérance à tous. Tout cela se fait en rompant, sur le coin de la table chargée de vers, de prose et de lettres, un morceau de ce pain de seigle odorant de nos montagnes, assaisonné de beurre frais, d'un fruit du jardin, d'un raisin de la vigne. Frugal déjeuner de poète et de laboureur dont les oiseaux attendent les miettes sur mon balcon. Midi sonne; j'entends mes chevaux caressans hennir et creuser du pied le sable de la cour, comme pour m'appeler. Je dis bonjour et adieu aux hôtes de la maison qui restent jusqu'au soir; je monte à cheval et je pars au galop, laissant derrière moi toutes les pensées du matin pour aller à d'autres soucis du jour. Je m'enfonce dans les sentiers creux et escarpés de nos vallées; je gravis et je redescends pour gravir encore nos montagnes; j'attache mon cheval à bien des arbres, je frappe à plusieurs portes; je retrouve ici et là mille affaires pour moi ou pour les autres, et je ne rentre qu'à la nuit après avoir savouré, pendant six ou sept heures de routes solitaires, tous les rayons du soleil, toutes les teintes des feuilles jaunissantes, toutes les odeurs, tous les bruits gais ou tristes de nos grands paysages dans les jours d'automne. Heureux si en rentrant, harassé de fatigue, je trouve par hasard au coin du feu quelque ami arrivé pendant mon absence, au cœur simple, à la parole poétique, qui en allant en Italie ou en Suisse, s'est souvenu que mon toit est près de sa route, et qui, comme Hugo, Nodier, Quinet, Sue ou Manzoni, vient nous apporter un écho lointain des bruits du monde et goûter avec indulgence un peu de notre paix !

Voilà, mon cher ami, la meilleure part de vie de l'année pour moi. Que Dieu la multiplie et soit béni pour ce peu de sel dont il l'assaisonne ; mais ces jours s'envolent avec la rapidité des derniers soleils qui dorent entre deux brouillards les cimes pourprées des jeunes peupliers de nos prés.

Un matin, le journal annonce que les chambres sont convoquées pour le milieu ou la fin de décembre. De ce jour, toute joie du foyer et toute paix s'évanouissent; il faut préparer ce long interrègne domestique que produit l'absence dans un ménage rural, pourvoir aux nécessités de Saint-Point, à celles d'un séjour onéreux de six mois à Paris, *res angusta domi*, il faut partir.

Je sais bien qu'on me dit : Pourquoi partez-vous? ne tient-il pas à vous de vous enfermer dans votre quiétude de poète et de laisser le monde politique travailler pour vous? Oui, je sais qu'on me dit cela; mais je ne réponds pas; j'ai pitié de ceux qui me le disent. Si je me

mêlais à la politique pour plaisir ou pour vanité,
on aurait raison ; mais si je m'y mêle par devoir,
comme tout passager dans un gros temps met sa
main à la manœuvre, on a tort ; j'aimerais mieux
chanter au soleil sur le pont, mais il faut monter
à la vergue et prendre un ris, ou déployer la voile.
Le labeur social est le travail quotidien et obli-
gatoire de tout homme qui participe aux périls ou
aux bénéfices de la société. On se fait une singu-
lière idée de la politique dans notre pays et dans
notre temps. Eh! mon Dieu, il ne s'agit pas le
moins du monde pour vous et pour moi de savoir
à quelles pauvres et passagères individualités ap-
partiendront quelques années de pouvoir ? Qu'importe à l'avenir que telle ou telle année du gou-
vernement d'un petit pays qu'on appelle la France,
ait été marquée par le consulat de tels ou tels
hommes ; c'est l'affaire de leur gloriole, c'est l'affaire du calendrier. Mais il s'agit de savoir si le

monde social avancera ou rétrogradera dans sa route sans terme ; si l'éducation du genre humain se fera par la liberté ou par le despotisme qui l'a si mal élevé jusqu'ici ; si les législations seront l'expression du droit et du devoir de tous ou de la tyrannie de quelques-uns ; si l'on pourra enseigner à l'humanité à se gouverner par la vertu plus que par la force ; si l'on introduira enfin dans les rapports politiques des hommes entre eux et des nations entre elles, ce divin principe de fraternité qui est tombé du ciel sur la terre pour détruire toutes les servitudes et pour sanctifier toutes les disciplines ; si on abolira le meurtre légal ; si on effacera peu à peu du code des nations ce meurtre en masse qu'on appelle la guerre ; si les hommes se gouverneront enfin comme des familles, au lieu de se parquer comme des troupeaux ; si la liberté sainte des consciences grandira enfin avec les lumières de la raison, multipliées par le verbe, et si Dieu s'y réfléchissant de siècle en siècle davantage, sera de siècle en siècle mieux adoré en œuvres et en paroles, en esprit et en vérité.

Voilà la politique telle que nous l'entendons, vous, moi, tant d'autres et presque toute cette jeunesse qui est née dans les tempêtes, qui grandit dans les luttes et qui semble avoir en elle l'instinct des grandes choses qui doivent graduellement et religieusement s'accomplir. Croyez-vous qu'à une pareille époque et en présence de tels problèmes il y ait honneur et vertu à se mettre à part dans le petit troupeau des sceptiques et à dire comme Montaigne : Que sais-je ? ou comme l'égoïste : Que m'importe ?

Non. Lorsque le divin juge nous fera comparaître devant notre conscience à la fin de notre courte journée d'ici bas, notre modestie, notre faiblesse ne seront point une excuse pour notre inaction. Nous aurons beau lui répondre : Nous n'étions rien, nous ne pouvions rien, nous n'étions qu'un grain de sable, il nous dira : J'avais mis devant vous, de votre temps, les deux bassins d'une balance où se pesaient les destinées de l'humanité : dans l'un était le bien, dans l'autre était le mal. Vous n'étiez qu'un grain de sable, sans doute, mais qui vous dit que ce grain de sable n'eût pas fait incliner la balance de mon côté? Vous avez une intelligence pour voir, une conscience pour choisir, vous deviez mettre ce grain de sable dans l'un ou dans l'autre; vous ne l'avez mis nulle part; que le vent l'emporte; il n'a servi ni à vous ni à vos frères.

Je ne veux pas, mon cher ami, me faire en mourant cette triste réponse de l'égoïsme, et voilà pourquoi je termine à la hâte ce griffonnage et je vous dis adieu.

Mais je m'aperçois que cette lettre a vingt pages ; tant pis : il est trop tard pour la recommencer.

M. Charles Gosselin me demande un avertissement ; si cette lettre est trop longue pour une lettre, tirez-en une préface. Cela ne se lit pas.

LAMARTINE.

Saint-Point, 1er décembre 1838.

I

CANTIQUE

SUR LA MORT

DE MADAME LA DUCHESSE DE B***

———

Quand le printemps a mûri l'herbe
Qui porte la vie et le pain,
Le moissonneur liant la gerbe
L'emporte à l'aire du bon grain ;

Il ne regarde pas si l'herbe qu'il enlève
Verdit encore au pied de jeunesse et de sève,
Ou si, sous les épis courbés en pavillon,
Quelques frêles oiseaux à qui l'ombre était douce
Du soleil ou du vent s'abritaient sur la mousse,
      Dans le nid caché du sillon ?

      Que lui fait la fleur bleue ou blanche
      Qui, liée en faisceau doré,
      Sur le bras qui l'emporte, penche
      Son front mort et décoloré.
« Portez les blonds épis sur mon aire d'argile !
« Faites jaillir le blé de la paille fragile !
« La fleur parfumera le froment de son miel,
« Et broyé sous la meule où Dieu fait sa mouture,
« Ce grain d'or deviendra la sainte nourriture
      « Que rompent les enfans du ciel ! »

      Seigneur ! ainsi tu l'as cueillie,
      Aux jours de sa félicité,
      Cette femme qui multiplie
      Ton nom dans sa postérité !

En vain dans le lit d'or dont ses jours étaient l'onde,
On voyait resplendir l'eau limpide et profonde,
En vain sa chevelure à ses pieds ruisselait,
En vain un tendre enfant, dernier fruit de sa couche,
Ouvrait les bras à peine et s'essuyait la bouche
    Teinte encor de son chaste lait.

    Tu vois cette ame printanière,
    Fructifiant avant l'été,
    Répandre en dons, comme en prière,
    Son parfum de maturité.
Et tu dis à la mort, ministre de ta grâce :
Laisse tomber sur elle un rayon de ma face,
Qu'elle sèche d'amour pour mes biens immortels !
Et la mort t'obéit et t'apporte son ame,
Comme le vent enlève une langue de flamme
    De la flamme de tes autels !

    O Dieu ! que ta loi nous est rude !
    Que nos cœurs saignent de tes coups !
    Quel vide et quelle solitude
    Fait cette absence autour de nous !

Par quel amour jaloux, par quel cruel mystère,
De tout ce qui l'ornait dépouilles-tu la terre ?
N'avons-nous pas besoin d'exemple et de flambeau ?
Et pour que ton regard sans trop d'horreur s'y pose,
Dieu saint ! ne faut-il pas que quelque sainte rose
    Te parfume ce vil tombeau ?

    Elle était ce thym des collines
    Que l'aurore semble attirer,
    Que pour embaumer nos poitrines
    Nos lèvres venaient respirer !
Dans cet air froid du monde infecté de nos vices
Ses lèvres de corail étaient deux frais calices
D'où coulait ta parole en célestes accens !
Combien de fois moi-même, embaumé de ses grâces,
Comme en sortant d'un temple, en sortant de ses traces,
    Je sentis mon cœur plein d'encens !

    Oh ! qui jamais s'approcha d'elle
    Sans éprouver sur son tourment,
    D'une brise surnaturelle
    Le divin rafraîchissement ?

Au timbre de sa voix, au jour de sa paupière,
Amis ! qui ne sentit fondre son cœur de pierre ?
Et ne dit en soi-même, en l'écoutant parler,
Ce que disait l'apôtre au disciple incrédule :
« Ne sens-tu pas, mon cœur, quelque chose qui brûle,
  « Et qui demande à s'exhaler ? »

Elle était née un jour de largesse et de fête,
D'une femme immortelle, au verbe de prophète ;
Le génie et l'amour la conçurent d'un vœu !
On sentait à l'élan que retenait la règle
Que sa mère l'avait couvée au nid de l'aigle
  Sous une poitrine de feu !

Les palpitations de l'ame maternelle
Au-delà du tombeau se ressentaient en elle ;
Elle aimait les hauts lieux et le libre horizon ;
Un élan naturel l'emportait vers les cimes
Où la création donne aux ames sublimes
  Les vertiges de la raison !

Dès qu'un seul mot rompait le sceau de ses pensées

On les voyait monter vers le ciel élancées,
Jusqu'où monte au Très-Haut la contemplation ;
Son œil avait l'éclair du feu sur une armure,
Et le son de sa voix vibrait comme un murmure
      Des grandes harpes de Sion.

Elle montait ainsi jusqu'où l'on perd de vue
L'ame contemplative à son Dieu confondue,
Perçant avec la foi les voiles de la mort ;
Et revenait semblable à l'oiseau du déluge
Rapporter un rameau de paix et de refuge
      Aux faibles qui doutaient du bord !

L'amour qui l'enlevait la ramenait au monde,
Non pas pour s'abreuver comme nous de son onde,
Non pas pour se nourrir du pain qu'il a levé,
Mais pour faire choisir parmi la graine amère
A ces petits enfans, dont elle était la mère,
      Quelques tiges de sénevé !

Ce grain qu'elle cherchait comme la poule gratte
Le froment ou le mil sur une terre ingrate,

C'était, Seigneur, c'était les lettres de ta loi ;
C'était le sens caché dans les mots du saint livre
Dont le silence parle et dont l'esprit fait vivre
    Ceux qui se nourrissent de foi !

    Au bruit du monde qui l'admire
    Et se pressait pour l'escorter,
    Comme l'onde autour du navire
    Pour l'engloutir ou le porter,
    Aux nœuds d'une gloire importune
    Qui l'enchaînait à sa fortune,
    Elle, éprise d'autre trésor !
    A l'œil de l'amitié ravie
    Qui regardait luire sa vie
    Humble dans un chandelier d'or !

    Aux roulis inconstans de l'onde
    Où le souffle orageux des airs
    L'agitait sur la mer du monde
    A la lueur de nos éclairs ;

A ces foudres, à ces naufrages
Qui jettent sur tous nos rivages
Nos respects avec nos débris,
A ces tempêtes populaires
Qui font sombrer dans leurs colères
Ceux que soulevaient leurs mépris !

Elle échappait rêveuse et tendre
Par ce divin recueillement
Qui fait silence pour entendre
Le vol de l'ange au firmament !
Grace au bras que son Christ lui prête,
Elle marchait sur la tempête
Sans tremper ses pieds au milieu ;
Et cette figure céleste
Esprit et corps n'étaient qu'un geste
Qui foulait l'onde et montrait Dieu !

Quelle ombre du Très-Haut sur elle !
Quelle auguste et sainte pudeur
Comme un séraphin sous son aile
La vêtissait de sa splendeur !

Comme toute profane idée
Disparaissait intimidée
Sous le rayon de sa beauté !
Comme le vent de pure flamme
Balayait de devant cette ame
Toute cendre de volupté !

※

Ton amour, ô Seigneur ! est dans l'amour suprême !
L'amour de ces enfans en qui le chrétien t'aime !
Sur leurs cœurs ulcérés cette huile de ta foi !
Ces aumônes d'esprit en pages de ta loi !
Ces pains multipliés pour nourrir leurs misères,
Ces conversations la nuit avec ses frères
Pour charmer leur exil en se parlant de toi ;
Ces cœurs fertilisés se fondant en prières
    Aux hymnes du prophète-roi !
C'était là de ses nuits les voluptés sévères.
Anges qui les voiliez, oh ! redites-les moi !

    Dites, oiseaux évangéliques,

Passereaux du sacré jardin,
Dont les notes mélancoliques
Enchantent les flots du Jourdain ?

Saintes colombes de ses saules
Qui joignant vos pieds de rubis
Veniez percher sur les épaules
Du pasteur des douces brebis !

Oiseaux cachés parmi les branches
Sur les bords du sacré vivier,
Qui couvrez de vos ailes blanches
Le Thérébinthe et l'Olivier !

Vous qui même à son agonie,
Accourant à sa sainte voix,
Veniez mêler votre harmonie
Aux gémissemens de sa croix !

Dites quels amoureux messages
Ou de tristesse ou de douceur,
Du désert et des saints rivages

Vous apportiez à cette sœur ?

Dites quelles saintes pensées
Sous l'arbre de la passion,
Dites quelles larmes versées
Sur la poussière de Sion,

Vous remportiez sur les racines
Du jardin des saintes douleurs,
Et vous versiez dans les piscines
Où Jésus répandit ses pleurs ?

Ces colombes un jour aux rives immortelles
Emmenèrent d'ici cette sœur avec elles
Pour goûter, ô Seigneur ! combien ton ciel est doux !
Elle alla se poser sur les rosiers mystiques
Que le Siloé baigne au jardin des cantiques,
    Et ne revint plus parmi nous !

Elle n'est plus ! le jour a pâli de sa perte !
Où son cœur comblait tout, que la place est déserte !
Berceau de ses enfans ! maison de son époux !

Seuils des temples sacrés où pliaient ses genoux !
Prisons dont sa clé d'or écartait les verroux !
Porte des malheureux par son aumône ouverte !
  Comment vous consolerez-vous ?
Et nous, cœurs ténébreux dont la lampe est couverte,
  Nous ses amis, que ferons-nous ?

Remplirons-nous les cieux du cri de nos alarmes ?
Nous inonderons-nous de cendres et de larmes ?
Répandrons-nous notre ame en lamentations ?
Comme ceux qui n'ont pas l'espoir dans leurs calices,
Et qui ne mêlent pas le sel des sacrifices
  A l'eau de leurs afflictions ?

Non, nos yeux souilleraient d'une tache profane
De l'immortalité la robe diaphane ;
Pleurer la mort des saints c'est la déshonorer !
Quand Dieu cueille son fruit mûr sur l'arbre de vie,
A qui donc appartient la douleur ou l'envie ?
  Qui donc a le droit de pleurer ?

Non ! nous élargissons les ailes de notre ame

Pour aimer l'esprit pur où nous aimions la femme ;
Époux, enfans, amis, point de pleurs, point d'adieu !
Celle dont ici bas l'ombre s'est éclipsée
Devient pour nos esprits une sainte pensée
  Par qui notre ame monte à Dieu !

  Gloire à Dieu ! grace à la terre !
  Qui s'ornant de si beaux dons,
  Par un terrible mystère
  Te rend ceux que nous perdons !
  Gloire à ce morceau d'argile
  Où dans une chair fragile
  Qu'anime un sacré levain
  Avec un souffle de vie
  Prêtée un jour et ravie
  Tu fais un être divin !

  Frères ! qu'elle sera belle
  La société des saints
  Où va nous attirer celle

Qui vit encor dans nos seins !
Où s'uniront dans la gloire
Comme dans cette mémoire
Génie, amour et beauté,
Ces trois sublimes images
De tes plus parfaits ouvrages,
Symbolique Trinité !

Là ces ames fugitives
Qui, sans se poser au sol,
Ne font, cherchant d'autres rives,
Qu'effleurer nos flots du vol ;
Là ces natures célèbres
Qui traversent nos ténèbres
En y jetant leur éclair !
Là ces enfans et ces femmes,
Toute cette fleur des ames
Qui laisse un parfum dans l'air !

Vous y souriez ensemble
A ceux qui cherchent vos pas,
Divins esprits que rassemble

Le cher souci d'ici-bas !
J'y vois ta grâce, ô ma mère !
Et toi goutte trop amère
De mon calice de fiel,
Fleur à ma tige enlevée
Et dans mon cœur retrouvée,
Qui donnez son nom au ciel !

Apparitions célestes,
Disparaissant tour à tour,
Qui d'en haut nous font les gestes
Que fait l'amour à l'amour !
Tendresses ensevelies
Sous tant de mélancolies
Qu'un jour doit ressusciter !
Feux que notre nuit voit poindre !
Oh ! mourons pour les rejoindre !
Vivons pour les mériter !

Un jour elle disait à celui qui la pleure :

CANTIQUE.

Le monde n'a qu'un son, la gloire n'a qu'une heure,
Suspendez votre harpe aux piliers du saint lieu !
Mélodieux écho des accords prophétiques,
Chantez aux jours nouveaux les éternels cantiques ;
  Dieu donc n'est-il pas toujours Dieu ?

Je lui jurai, Seigneur ! de célébrer ta gloire ;
Et le vent de la vie emporta ma mémoire,
Et le courant du monde effaça ses accens ;
Et le foyer divin où ta flamme tressaille,
Dans mon cœur oublieux brûla l'herbe et la paille
  Au lieu de brûler ton encens !

Et maintenant je viens comme Marthe et Marie,
Qui portaient à Jésus l'encens de Samarie,
Et trouvèrent ses bras morts et crucifiés,
Acquitter au Seigneur mon denier sur ta tombe,
Et gémir tristement ce cantique qui tombe
  Comme une larme sur ses piés.

    Saint-Point, 15 Novembre 1838.

II

A UNE JEUNE FILLE

qui pleurait sa mère.

———

Que notre œil l'un dans l'autre pose
Triste, quand nous nous regardons !
Nous manque-t-il donc une chose
Que du cœur nous nous demandons ?

A UNE JEUNE FILLE.

Ah ! je sais la pensée amère
Qui de tes regards monte aux miens !
Dans mes yeux tu cherches ta mère,
Je vois mon ange dans les tiens.

Quoique ta tristesse ait des charmes,
Ne nous regardons plus ainsi :
Hélas ! ce ne sont que des larmes
Que les yeux échangent ici !

La mort nous sevra de bonne heure,
Toi de ton lait, moi de mon miel ;
Pour revoir ce que chacun pleure,
Pauvre enfant, regardons au ciel !

Saint-Point, 24 Octobre 1836.

III

ÉPILOGUE DE JOCELYN

VARIANTE

———

Là, sans doute la mort avait fermé le livre.
Je voulus engager la servante à me suivre,
Elle me répondit en me montrant du doigt
L'arbuste enraciné dans les fentes du toit ;

« A ces murs, comme lui, ma vie a pris racines,
« On me laissera bien vieillir sous ses ruines.
« Qu'est-ce qui soignerait ce seuil abandonné ?
« On m'y rapportera le pain que j'ai donné. »
Je sifflai vainement le chien du jeune prêtre,
Il s'émut à la voix de l'ami de son maître,
Mais flairant le sentier qui menait au cercueil,
Sans faire un pas plus loin il me suivit de l'œil ;
Les oiseaux affranchis revinrent à leur cage,
Et je n'emportai rien de son pauvre héritage,
Que sur sa croix de bois son vieux Christ de laiton,
Ces feuillets déchirés, sa Bible et son bâton.

Six mois après, au temps où l'on coupe les seigles,
Je vins herboriser aux montagnes des aigles,
Et de mon pauvre ami, le récit à la main,
De la grotte en lisant je cherchais le chemin.
Du drame de ses jours j'explorais le théâtre,
Lorsque je rencontrai par hasard le vieux pâtre ;
Je m'assis près de lui, sur l'herbe, au bord des flots ;
Nous causâmes ensemble à peu près en ces mots :

LE PATRE.

Qui cherchez-vous, Monsieur, dans ces déserts?

MOI.

La place
D'une histoire d'amour que ce livre retrace,
La grotte où deux enfans, sous les yeux du Seigneur,
Eurent tant d'innocence avec tant de bonheur;
Montrez-moi le tombeau de la dame inconnue.

LE PATRE.

Quoi! cette histoire aussi jusqu'à vous est venue?

MOI.

J'étais le seul ami de l'un des deux amans,
(En lui montrant le manuscrit.)
Et j'ai là le récit de tous leurs sentimens.

LE PATRE.

Je voudrais bien savoir si ce livre me nomme?

MOI.

Vous?

LE PATRE.

Oui, moi.

MOI.

Et comment?

ÉPILOGUE

LE PATRE.

Je ne suis qu'un pauvre homme,
Et c'est moi qui fus cause, hélas ! sans le savoir,
De leur bonheur trop court et de leur désespoir.

MOI.

Quoi ! vous seriez ?...

LE PATRE.

C'est moi qui leur montrai la route
De la grotte, et deux ans les cachai sous sa voûte ;
C'est moi qui les nourris, elle et lui, de mon pain.
Tenez, voyez là-haut, au-dessus du sapin,
A droite, un peu plus bas que cette aiguille blanche,
Vous suivrez le ravin comblé par l'avalanche,
Par une gorge étroite, après vous descendrez
Jusqu'aux rives du lac bordé de petits prés,
Et là, près de la grève où son écume flotte,
Vous verrez trois tombeaux à deux pas d'une grotte.

MOI.

Trois tombeaux ? Le récit ne parle que de deux,
Le proscrit et Laurence.

LE PATRE.

Et leur ami près d'eux.

MOI.

Quoi ! Jocelyn ici ? Vous vous trompez.

LE PATRE.

Lui-même.
Il repose en ces lieux auprès de ce qu'il aime.
Instruite, on ne sait trop comment, des grands secrets,
Quand Marthe eut tout trahi par des mots indiscrets,
Ses pauvres paroissiens, par pitié pour son ame,
Rapportèrent son corps au tombeau de la dame,
Et depuis deux saisons ils sont couchés tous trois
Aux lieux qu'ils ont aimés et sous la même croix.

MOI.

Ah ! vers ces trois tombeaux, berger, menez-moi vite ;
J'aime à fouler le sol que sa dépouille habite,
Comme on aime à s'asseoir sur le bloc attiédi
Où le rayon du jour à peine est refroidi.
Allons ! le jour encore éclaire la montagne !

LE PATRE.

N'attendez pas, Monsieur, que je vous accompagne ;
Pour la dernière fois j'ai foulé ces sommets,
Allez-y seul ; mes pieds n'y monteront jamais !

ÉPILOGUE

MOI.

Avez-vous donc, berger, peur de ce coin de terre ?

LE PATRE.

Il se passe, Monsieur, là-haut quelque mystère
Que l'homme encor pécheur profane en regardant ;
C'est comme un Dieu caché dans un buisson ardent.

MOI.

Qu'avez-vous vu ? Parlez !

LE PATRE.

O ! des choses étranges,
Et faites seulement pour les regards des anges !

MOI.

Ne m'ouvrez pas ainsi votre cœur à demi,
Je crois en Dieu, berger, et j'étais leur ami !

LE PATRE.

Vous voulez donc, Monsieur, que je vous la raconte ?
Dieu sait si je vous mens, et pourtant j'en ai honte ;
Vous direz, c'est un rêve ! et je ne dormais pas !
Un jour, près des tombeaux j'avais porté mes pas,
Pour ces trois chers défunts j'avais dit mes prières,
Fait trois signes de croix et baisé leurs trois pierres,
Puis, les yeux par mes pleurs encor tout obscurcis,

Non loin, au bord du lac, pensif, j'étais assis.
Aucun vent n'en frôlait la surface limpide,
L'eau profonde y dormait, transparente et sans ride,
Et je laissais mes yeux, qui regardaient sans voir,
Avec distraction flotter sur ce miroir :
La cime des glaciers avec ses neiges blanches,
La grotte et ses tombeaux, les chênes et leurs branches,
Et le dôme serein d'un pan de firmament,
Tout s'y réfléchissait, clair, dans l'éloignement ;
Soudain l'onde immobile, où mon regard se plonge,
S'illumine ; et je vois, comme l'on voit en songe,
Deux figures sortir du ciel resplendissant,
Aux cimes du glacier descendre en s'embrassant,
Et, comme deux oiseaux dont l'aile est éclairée,
S'abattre sur la grotte et planer à l'entrée.
Ébloui des clartés que l'eau semblait darder,
Sans haleine, j'osais à peine regarder;
Mais l'image dans l'eau s'éclairant à mesure,
Je reconnus, Monsieur, l'une et l'autre figure.

MOI.

Et c'était ?...

ÉPILOGUE

LE PATRE.

Jocelyn ! et Laurence avec lui !
Si j'avais pu marcher je me serais enfui,
Mais je restai cloué de terreur à ma place,
Et mes yeux, malgré moi, les voyaient dans la glace.
Vêtus d'air et de jour au lieu de vêtemens,
Se tenant par la main ainsi que deux amans ;
Sur l'herbe qui frémit leurs pieds joints s'arrêtèrent,
Et, de là, sans parler, leurs regards se portèrent
Sur les sites, les eaux, les arbres du beau lieu,
Comme quand on arrive, ou qu'on va dire adieu ;
Tour à tour l'un à l'autre, ils se montraient du geste,
Du temps de leurs amours, hélas ! le peu qui reste,
Les plantes, les rochers, les chênes éclaircis,
La mousse au bord du lac où l'on s'était assis,
La source extravasée et les nids d'hirondelles,
Et la plume par terre arrachée à leurs ailes ;
Puis ils se regardaient, souriant, elle et lui,
Comme quelqu'un qui voit son idée en autrui,
Et Laurence, abaissant une main jusqu'aux herbes,
Des mille fleurs des prés cueillait de grosses gerbes,
Feuille à feuille, au hasard, nuançait leurs couleurs,

Et de la tête aux pieds se vêtissait de fleurs,
Comme une aurore au ciel se revêt de la nue ;
Et l'amant embaumé s'enivrait de sa vue.
Et comme pour venir assister à leurs jeux,
Tout ce qu'ils appelaient, ressuscitait pour eux,
Et les plantes croissaient à leur seule pensée,
Et la biche accourait lécher leur main baissée,
Et le chien au soleil se couchait à leurs pieds,
Et les pigeons enfuis de leurs nids effrayés
Par Laurence nommés revenaient d'un coup d'aile
Becqueter son épaule et planer autour d'elle ;
Et puis je vis venir d'en haut, monter d'en bas,
Hommes, femmes, enfans, que je ne connus pas ;
A ces noces du ciel, foule que Dieu convie,
Qui viennent retracer et bénir une vie !
Jocelyn, lui du moins, tous les reconnaissait,
Car par son nom mortel chacun le bénissait ;
Et deux anges de Dieu sur l'herbe descendirent,
Sur le couple béni leurs ailes s'étendirent,
Et ces ailes formaient comme un grand dôme bleu
Pour ombrager leurs fronts d'un invisible feu ;
Et j'entendis les voix d'un million de génies

Se répandre sur l'onde en vagues d'harmonies ;
Et pendant qu'ils chantaient, les anges du Seigneur,
Aux doigts des deux amans, rougissant de bonheur,
Passaient le double anneau des noces éternelles,
Et sur leurs fronts baissés, ouvrant un peu leurs ailes,
Laissaient percer du ciel un rayon de l'amour ;
Et mes yeux, foudroyés de ce céleste jour,
Virent les deux amans ne former qu'un seul être
Où l'un ne pouvait plus de l'autre se connaître,
Et dans un lumineux évanouissement
Fondre comme une étoile au jour du firmament !
Et comme pour mieux voir je détournais la tête,
Tout le lac frissonna du vol de la tempête
Et roula dans ses bruits avec solennité
Laurence ! Jocelyn ! amour ! éternité !

IV

A M. DE GENOUDE

sur son ordination

1835

———

Du sein expirant d'une femme
Qui te montra le ciel du geste de l'adieu,
Une nuit de douleur déracine ton ame,
Et du lit nuptial jette ta vie à Dieu.

Comme un vase où l'enfant distrait se désaltère,
Frappé d'un coup trop fort laisse fuir sa liqueur,
Ton ame laisse fuir les eaux de notre terre
  Et la mort a fêlé ton cœur !

  Tu ne boiras plus de notre onde,
Tu ne tremperas plus tes lèvres ni tes mains
A ces courans troublés où les ruisseaux du monde
Versent tant d'amertume ou d'ivresse aux humains ;
L'ame du prêtre en vain à notre air exposée
Est la peau de brebis qu'étendait Gédéon :
On trouvait le matin sèche de la rosée
  La miraculeuse toison !

  Dieu seul remplira ton calice
Des pleurs tombés d'en haut pour laver le péché,
De la sueur de sang, et du fiel du supplice,
Et de l'eau de l'égout par l'éponge séché ;
Comme ces purs enfans qu'à l'autel on élève,
Laissent tondre leurs fronts jusqu'au dernier cheveu,
Tu couperas du fer les rejets de ta sève
  Pour jeter ta couronne à Dieu !

SUR SON ORDINATION.

    Tu détacheras de nos voies
Tes pieds nus qui suivront leurs sentiers à l'écart,
Dans nos courtes douleurs, dans nos trompeuses joies
De notre pain du jour tu laisseras ta part ;
Tu ne combattras plus sous l'aube et sous l'étole ;
C'est la paix du Seigneur que ta main doit tenir ;
Tu n'élèveras plus en glaive de parole
    La voix qui ne doit que bénir !

    Tu chercheras, le long du fleuve,
Les rencontres du Christ, ou du Samaritain ;
L'infirme, le lépreux, l'orphelin et la veuve
Viendront sous ton figuier s'asseoir dès le matin ;
Ton cœur vide de soins se remplira des nôtres.
Ton manteau, si j'ai froid, l'hiver sera le mien,
Et pour prendre et porter tous les fardeaux des autres
    Ton bras déposera le tien !

    Comme le jardinier mystique
Qui suivait d'Emmaüs, en rêvant, le chemin,
Et relevant les fleurs au soleil symbolique,
Marchait en émondant les tiges de la main,

Tu prendras dans chaque ame et dans chaque pensée,
Ce qui la fane aux bords ou la ronge au milieu,
Ce qui l'incline à terre ou la tient affaissée,
  Et tu lèveras tout à Dieu !

  Cependant trois enfans sans mère
Te suivront du regard et du pied aux autels,
Et se diront entre eux : — Ce saint fut notre père
Quand il portait son nom d'homme chez les mortels ;
Et les peuples émus penseront en eux-mêmes,
Voyant leurs bras pendus à tes robes de lins,
De l'amour du Seigneur combien il faut qu'on aime
  Pour laisser ses fils orphelins !

  C'est ainsi que Sion contemple
Le cèdre du Liban, taillé pour le saint lieu,
Qui soutient la charpente et parfume le temple,
Incorruptible appui de la maison de Dieu,
Tandis que les rejets de ses propres racines
Reverdissent aux lieux qu'il ombrageait avant,
Et se multipliant sur les rudes collines,
  Souffrent le soleil et le vent.

SUR SON ORDINATION.

Toi pourtant qui dans ta poitrine
Oses prendre et porter l'aigle des vieilles lois
Comme Paul à Tarsys prit l'œuf de la doctrine
Et le portait éclore aux soleils d'autrefois.
Ses ailes d'aujourd'hui les as-tu regardées ?
Sais-tu si deux mille ans l'oiseau n'a pas grandi ?
Sais-tu quelle heure il est au cadran des idées ?
 Et si l'aurore est le midi ?...

 Si l'oiseau retourne à son aire ?
Si l'œuf des vérités qu'il ne peut contenir
N'est pas éclos plus loin et n'a pas changé l'ère
D'où son jour plus parfait datera l'avenir ?
Sais-tu quel vol nouveau son œil divin mesure ?
De quel nuage il veut s'abattre ? et sur quels bords ?
Et jusqu'au soir des temps pour qu'il se transfigure,
 Combien il lui faut de Thabors ?...

 Quand le Fils de l'Homme au Calvaire,
Premier témoin de Dieu, sur sa croix expira,
Le rideau ténébreux du sombre sanctuaire
Dans le temple ébranlé du coup se déchira,

Le jour entra tout pur dans l'ombre des symboles,
Les fantômes sacrés d'Oreb et de Sina
Pâlirent aux éclairs des nouvelles paroles,
    Et le passé s'illumina !

    O Christ ! n'était-ce pas ton signe ?
N'était-ce pas pour dire à l'antique maison
Que de voiler le jour nulle arche n'était digne ?
Qu'une aube se levait sans ombre à l'horizon ?
Que Dieu ne resterait caché dans nul mystère ?
Que tout rideau jaloux se fendrait devant toi ?
Que ton verbe brûlait son voile ? et que la terre
    N'aurait que ton rayon pour foi ?

    Nouveaux fils des saintes demeures,
Dieu parle ! regardez le signe de sa main,
Des pas, encor des pas pour avancer ses heures ;
Le siècle a fait vers vous la moitié du chemin !
Comprenez le prodige ! imitez cet exemple.
Déchirez ces lambeaux des voiles du saint lieu !
Laissez entrer le jour dans cette nuit du temple !
    Plus il fait clair, mieux on voit Dieu !

Voyez se presser à la porte
Cette foule en rumeur d'adorateurs sans voix
Qui court après ces dieux que la raison emporte,
Comme autrefois Laban après ses dieux de bois !
Ne tirez plus les siens de l'arche des symboles,
Mais dites-lui qu'aux sens le temps les a repris,
Que tous ces dieux de chair n'étaient que des idoles,
    Et d'aller au Dieu des esprits !

    Hâtez cette heure fortunée
Où tout ce qui languit de la soif d'adorer
Sous l'arche du Très-Haut, d'astres illuminée,
Pour aimer et bénir viendra se rencontrer !
Que le mystère entier s'éclaire et se consomme !
Le Verbe où s'incarna l'antique vérité
Se transfigure encor ; le Verbe s'est fait homme,
    Le Verbe est fait humanité.

    La foi n'a-t-elle point d'aurore?
Avant qu'à l'horizon l'astre des cieux ait lui
Dans ces foyers des nuits qu'un jour lointain colore,
On croit le reconnaître à ces feux teints de lui ;

Mais lui-même noyant les phares de ses plages
Dans des flots de splendeur et de sérénité,
Efface en avançant ses multiples images
    Sous sa rayonnante unité !

                1835. Décembre. Monceaux.

V

A MADAME ***

QUI FONDAIT UNE SALLE D'ASILE

Les lionceaux ont des asiles,
Les oiseaux du ciel ont des nids,
Les pauvres mères de nos villes
N'ont point de toits pour leurs petits !

Oh ! rouvrez-leur des bras de mère,
Donnez-leur le lait et le pain,
Et gardez de la graine amère
Le van qui leur épand le grain.

Et vous, venez, timide enfance,
Bénissez Dieu sur leurs genoux ;
Jamais sa tendre Providence
Ne sourit sous des traits plus doux.

12 Juin 1836.

VI.

A M. WAP

POÈTE HOLLANDAIS

En réponse à une Ode adressée à l'Auteur

SUR LA MORT DE SA FILLE

Que le ciel et mon cœur bénissent ta pensée,
Toi qui pleures de loin ce que la mort m'a pris !
Et que par ta pitié cette larme versée
    Devienne une perle sans prix !

Que l'ange de ton cœur devant Dieu la suspende,
Pour la faire briller de la splendeur des cieux,
Et qu'en larmes de joie un jour il te les rende
    Ces pleurs, aumône de tes yeux !

Oh ! quand j'ai lu ce nom qui remplissait naguère
De joie et de clarté mon oreille et mon cœur,
Ce nom que j'ai scellé sur mes lèvres de père
    Comme un mystère de douleur !
Quand je l'ai lu gravé sur ta funèbre page,
Un nuage à mes yeux de mon cœur a monté,
Et j'ai dit en moi-même : Il n'est donc nulle plage
    Où quelque ange ne l'ait porté ?

Et qu'ai-je fait, dis-moi, pour mériter, ô barde,
Que ton front se couvrît de cendre avec le mien ?
Dieu n'avait pas remis cette enfant sous ta garde,
    Mon bonheur n'était pas le tien !
Nous parlons ici-bas des langues étrangères ;
L'onde de mes torrens n'est pas l'eau que tu bois ;

Mais l'ame comprend l'ame, et la pitié rend frères
    Tous ceux dont le cœur est la voix.

Toute voix qui la nomme entre au fond de mon ame;
Je ne puis sans pâlir en entendre le son,
Et j'adore de l'œil jusqu'aux lettres de flamme
    Qui composaient son divin nom !
Le jour, la nuit, tout haut ma bouche les épelle
Comme si dans leurs sens ces lettres l'enfermaient !
Il semble à mon amour que quelque chose d'elle
    Vit dans ces sons qui la nommaient.

Oh ! si comme mon cœur ! si tu l'avais connue !
Si dans le plus divin de tes songes d'amant
Cette forme angélique une heure était venue
    Luire devant toi seulement !
Si le rayon vivant de son regard céleste,
Ce rayon, dont mon œil douze ans fut réjoui,
Eût plongé dans le tien comme un éclair qui reste
    A jamais dans l'œil ébloui.

Si ses cheveux, pareils aux rayons de l'aurore,
Dont sa mère lissait les soyeux écheveaux,
Déployant les reflets du cuivre qui les dore,
  Avaient déroulé leurs anneaux,
Si tu les avais vus en deux ailes de femme,
Sur sa trace en courant après elle voler
Et découvrir ce front où les baisers de l'ame
  Allaient d'eux-mêmes se coller !

Si ton oreille avait entendu l'harmonie
De sa voix où déjà vibraient à l'unisson
L'innocence et l'amour, le cœur et le génie,
  Modulés dans un même son !
Si de ce doux écho ton oreille était pleine,
Et si, passant ton doigt sur ton front incertain,
Comme moi tu sentais encor la tiède haleine
  De ses longs baisers du matin !

Comme moi tu n'aurais qu'un seul nom sur la bouche,
Qu'une blessure au cœur, qu'une image dans l'œil,

Qu'une ombre sur tes pas, qu'un rêve dans ta couche,
    Qu'une lampe au fond du cercueil !
Elle, elle, et toujours elle, elle dans chaque aurore !
Elle dans l'air qui flotte afin d'y respirer !
Elle dans le passé pour s'y tourner encore,
    Elle au ciel pour le désirer.

C'était l'unique fleur de l'Eden de ma vie
Où le parfum du ciel ne se corrompît pas,
Le seul esprit d'en haut que la mort assouvie
    N'eût point éloigné de mes pas !
C'était de mes beaux jours la plus pure pensée
Que Dieu, d'un vœu d'amour me permit d'animer,
Pour que dans ce beau corps, mon ame retracée
    Pût se réfléchir et s'aimer !

Je la vois devant moi, la nuit, comme une étoile
Dont la lueur me cherche et vient me caresser ;
Le jour, comme un portrait détaché de la toile
    Qui s'élance pour m'embrasser !

Je la vois s'enfuyant dans mon sein qui l'adore,
Faire éclater, de là, son rire triomphant,
Ou du sein de sa mère, à mon baiser sonore
    Apporter ses lèvres d'enfant !

Je la vois, grandissant sous les palmiers d'Asie,
Se mûrir aux rayons de ces soleils nouveaux,
Et rêveuse déjà, lutter de poésie
    Avec le chant de ses oiseaux.
J'entends à son insu se révéler son ame,
Dans ces vagues soupirs d'un cœur qui se pressent,
Préludes enchantés de ses accords de femme
    Où l'ame va donner l'accent !

Oui, pour revivre encor, je vis dans son image.
Le cœur plein d'un objet ne croit pas à la mort ;
Elle est morte pour vous qui cherchez son visage,
Mais pour nous elle est près, elle vit, elle dort ;
Je l'entends, je l'appelle, et je sais que chaque heure
Avance l'heure fixe où je vais la revoir,

Et je dis chaque jour, au penser qui la pleure :
    A demain ! peut-être à ce soir !

Oh ! si de notre amour l'espoir était le rêve !
Si nous ne devions pas retrouver dans les cieux
Ces êtres adorés qu'un ciel jaloux enlève,
Que nous suivons du cœur, que nous cherchons des yeux,
Si je ne devais plus revoir, toucher, entendre,
Elle ! elle qu'en esprit, je sens, j'entends, je vois,
A son regard d'amour encore me suspendre,
    Frissonner encore à sa voix.

Si les hommes, si Dieu me le disait lui-même,
Lui, le maître, le Dieu, je ne le croirais pas,
Ou je lui répondrais par l'éternel blasphème,
    Seule réponse du trépas !
Oui, périsse et moi-même et tout ce qui respire,
Et ses mondes et lui, lui dans son ciel moqueur !
Plutôt que ce regard, plutôt que ce sourire,
    Que cette image dans mon cœur !

Mais toi qui m'as compris, toi dont la voix mortelle
Rend la voix dans mon sein à des échos si chers !
Toi qui me dis son nom, toi qui fais parler d'elle
    La langue immortelle des vers !
Que les anges du ciel recueillent ta parole !
Cette parole aida mes larmes à sortir !
Et que le chant du ciel dont ta voix me console
    Dans ta vie aille retentir.

Pour ce tribut pieux, de ta paupière humide,
Puisses-tu, jusqu'au soir de tes jours de bonheur,
Ne voir à ton foyer jamais de place vide,
    D'abime creusé dans ton cœur !
Et puisse à ton chevet, veillant ton agonie,
Une enfant dans son sein recevoir tes adieux ;
Essuyer ta sueur, et comme un doux génie
    Cacher la mort, et montrer Dieu !

VII

A MADAME LA DUCHESSE DE R***

SUR SON ALBUM

―――

Il est une langue secrète,
Dialecte silencieux,
Que sait l'amant ou le poëte,
Et que les yeux parlent aux yeux.

A LA DUCHESSE DE R***.

Qu'importe la langue parlée?
Le langage humain n'est qu'un art;
Mais cette langue révélée
Dieu la fit avec le regard!

Une femme aux cheveux de soie
Qu'on voit marcher sur son chemin,
Et dont le bras nu vous coudoie,
Oh! n'est-ce pas un mot divin!

Il dit ivresse, il dit génie,
Grace, amour, candeur, pureté;
Les yeux en boivent l'harmonie,
Et le sens en est volupté.

Il retentit longtemps dans l'ame,
Comme dans l'oreille une voix;
Et la belle image de femme
Est comme un air redit cent fois!

SUR SON ALBUM.

O noble et suave figure,
Où rayonne ivresse et langueur,
Mot caressant de la nature,
Que ne dis-tu pas dans le cœur?

VIII

A UNE JEUNE MOLDAVE

———

Souvent en respirant ces nocturnes haleines
Qui des monts éloignés descendent sur les plaines
Ou des bords disparus sur les vagues des mers,
On croit dans ces parfums, que l'esprit décompose,

Reconaître l'odeur des lys ou de la rose
  Apporté de loin par les airs.

L'imagination, cet œil de la pensée,
Se figure la tige aux rochers balancée
Exhalant pour vous seul son souffle du matin.
« Je t'aime, lui dit-on, violette ou pervenche,
« O sympathique fleur dont l'urne qui se penche
  « M'adresse ce parfum lointain !

« Comme un amant distingue entre de jeunes têtes,
« Parmi ces fronts charmans qui décorent nos fêtes,
« L'odeur des blonds cheveux dont se souvient son cœur,
« A travers ces parfums mystérieux et vagues
« Que la brise des nuits fait flotter sur les vagues,
  « Je démêle et bois ton odeur ! »

Ainsi, fleur du Danube attachée à sa rive,
A travers tes forêts ton doux encens m'arrive,

A UNE JEUNE MOLDAVE.

Et mon cœur enivré se demande pourquoi ?
Pourquoi la vierge assise au pied du sycomore,
En murmurant les vers d'un pays qu'elle ignore,
  Rougit-elle en pensant à moi ?

C'est que la poésie est l'haleine de l'ame,
Que le vent porte loin aux oreilles de femme,
Et qui leur parle bas comme une voix d'amant,
Que la vierge attentive à la strophe touchante
Croit entre sa pensée et le livre qui chante,
  Sentir un invisible aimant !

Oh ! combien de baisers d'une bouche secrète
Sur la page sacrée a reçus le poète
Sans en avoir senti le délirant frisson !
Oh ! qu'il voudrait, semblable aux notes de sa lyre,
Aller boire un regard des yeux qui vont le lire,
  Envieux d'un rêve et d'un son !...

    Paris, 24 janvier 1837.

IX

RÉPONSE

A UN CURÉ DE CAMPAGNE

Doux pasteur du troupeau des âmes,
Qui conduis aux sources de Dieu
Ces petits enfans et ces femmes
Penchés aux coupes du saint lieu ;

RÉPONSE

Semeur des célestes paroles,
Qui sème la gerbe du Christ,
Ce sénevé des paraboles
Dont le grain lève dans l'esprit ;

Médecin d'intime souffrance
Qui la retourne et qui l'endort,
Qui guéris avec l'espérance
Et vivifie avec la mort ;

Poète à la lyre infinie
Qui, pour chanter dans le grand chœur,
N'a pas besoin d'autre génie
Que des battemens de ton cœur ;

Eh quoi ! tu craindrais que ma porte
A tes accens ne s'ouvrît pas,
Avec les anges pour escorte
Et les prophètes sur tes pas ?

Homme d'amour et de prière,
Ah ! loin de craindre un froid accueil,

Viens, en paix et que la poussière
De tes pieds s'attache à mon seuil.

Mes chiens, qui devinent leur maître,
D'eux-même iront lécher tes doigts ;
Les colombes de ma fenêtre
Ne s'envoleront pas aux toits.

Mes oiseaux même ont l'habitude
De voir monter par le chemin
Ces anges de la solitude,
Et le marteau connaît leur main.

Fils des champs, j'aimai de bonne heure
Ces laboureurs vêtus de deuil,
Dont on voit la pauvre demeure
Entre l'église et le cercueil ;

Le jardin qui rit à leur porte
Dans son buisson de noisetiers,
Leur seuil couvert de feuille morte
Où le pauvre a fait des sentiers ;

La voix de leur cloche sonore
Qui dit aux vains enfans du bruit :
Que le Seigneur est dans l'aurore !
Que le Seigneur est dans la nuit !

Les longs bords de leur robe blanche,
Par des groupes d'enfans suivis,
Qu'on voit balayer le dimanche
La poussière du vieux parvis ;

Cette odeur de myrrhe et de roses
Qui s'exhale autour de leurs pas,
Et leur voix qui parle de choses
Que l'œil des hommes ne voit pas.

Quand le sillon courbe le reste,
Eux seuls travaillent de leur main
A l'œuvre du père céleste
Pour un autre prix que du pain !

L'onde qu'ils versent désaltère
D'autres soifs que la soif des sens,

Et de tous les dons de la terre
Ils ne moissonnent que l'encens.

Viens donc, détachant ta ceinture,
Au foyer des bardes t'asseoir;
Ils sont l'hymne de la nature
Et vous en êtes l'encensoir !

Que t'importe si mes symboles
Sont les symboles que tu crois !
J'ai prié des mêmes paroles,
J'ai saigné sur la même croix !

Quand l'agneau victime du monde,
Dont la laine a fait tes habits,
Aux flancs des collines sans onde
Paissait lui-même les brebis,

Loin des piscines de son père
Il n'écartait pas de la main
La pauvre brebis étrangère
Trouvée aux ronces du chemin,

RÉPONSE A UN CURÉ.

Et quand il glanait en exemple
L'épi laissé dans le buisson,
Et portait, humble enfant, au temple
Les prémices de sa moisson,

Il mêlait pour grossir la gerbe
Qu'il offrait au père commun
Des brins verdoyans de chaque herbe
Et des tiges de tout parfum.

13 Novembre 1836.

X

AMITIÉ DE FEMME

A MADAME L***, SUR SON ALBUM

———

Amitié, doux repos de l'ame,
Crépuscule charmant des cœurs,
Pourquoi, dans les yeux d'une femme,
As-tu de plus tendres langueurs?

AMITIÉ DE FEMME.

Ta nature est pourtant la même ;
Dans le cœur dont elle a fait don
Ce n'est plus la femme qu'on aime,
Et l'amour a perdu son nom.

Mais comme en une pure glace
Le crayon se colore mieux ;
Le sentiment qui le remplace
Est plus visible en deux beaux yeux.

Dans un timbre argentin de femme
Il a de plus tendres accens;
La chaste volupté de l'ame
Devient presque un plaisir des sens.

De l'homme la mâle tendresse
Est le soutien d'un bras nerveux,
Mais la vôtre est une caresse
Qui frissonne dans les cheveux.

Oh ! laissez-moi, vous que j'adore,
Des noms les plus doux tour à tour,

AMITIÉ DE FEMME.

O femmes ! me tromper encore
Aux ressemblances de l'amour !

Douce ou grave, tendre ou sévère,
L'amitié fut mon premier bien ;
Quelque soit la main qui me serre,
C'est un cœur qui répond au mien.

Non, jamais ma main ne repousse
Ce symbole d'un sentiment ;
Mais lorsque la main est plus douce,
Je la serre plus tendrement.

XI

ÉPITAPHE

DES PRISONNIERS FRANÇAIS

morts pendant leur captivité en Angleterre

ET A QUI DES OFFICIERS ANGLAIS ONT ÉLEVÉ UN MONUMENT PAR SOUSCRIPTION

Ici dorment, jetés par le flot de la guerre,
D'intrépides soldats, nés sous un ciel plus beau ;
Vivans, ils ont porté les fers de l'Angleterre,
Morts, ce noble pays leur offrit dans sa terre

ÉPITAPHE.
L'hospitalité du tombeau.

Là, toute inimitié s'efface sous la pierre;
Le dernier souffle éteint la haine dans les cœurs;
Tout rentre dans la paix de la maison dernière,
Et le vent des vaincus y mêle la poussière
    A la poussière des vainqueurs.

Écoutez ! de la terre une voix qui s'élève
Nous dit : Pourquoi combattre et pourquoi conquérir?
La terre est un sépulcre et la gloire est un rêve !
Patience, ô mortels ! et remettez le glaive,
    Un jour encor ! tout va mourir !

XII

A UN ANONYME

Ah ! béni soit celui dont l'amitié discrète
Me prodigue ses vœux sans oser se nommer,
Et que ces vœux touchans qu'il adresse au poète,
Retombent sur son front comme des fleurs qu'on jette
    Retombent pour nous embaumer.

XIII

A

M. FÉLIX GUILLEMARDET

SUR SA MALADIE

———

Frère ! le temps n'est plus où j'écoutais mon âme
Se plaindre et soupirer comme une faible femme
Qui de sa propre voix soi-même s'attendrit,
Où par des chants de deuil ma lyre intérieure

Allait multipliant comme un écho qui pleure
    Les angoisses d'un seul esprit !

Dans l'être universel au lieu de me répandre,
Pour tout sentir en lui, tout souffrir, tout comprendre,
Je resserrais en moi l'univers amoindri ;
Dans l'égoïsme étroit d'une fausse pensée
La douleur en moi seul, par l'orgueil condensée,
    Ne jetait à Dieu que mon cri !

Ma personnalité remplissait la nature,
On eût dit qu'avant elle aucune créature
N'avait vécu, souffert, aimé, perdu, gémi !
Que j'étais à moi seul le mot du grand mystère,
Et que toute pitié du ciel et de la terre
    Dût rayonner sur ma fourmi !

Pardonnez-nous, mon Dieu ! tout homme ainsi commenc[e]
Le retentissement universel, immense,

Ne fait vibrer d'abord que ce qui sent en lui;
De son être souffrant l'impression profonde
Dans sa neuve énergie, absorbe en lui le monde
    Et lui cache les maux d'autrui !

Comme Pygmalion, contemplant sa statue,
Et promenant sa main sous sa mamelle nue
Pour savoir si ce marbre enferme un cœur humain,
L'humanité pour lui n'est qu'un bloc sympathique
Qui, comme la Vénus du statuaire antique,
    Ne palpite que sous sa main.

O honte ! ô repentir ! quoi ce souffle éphémère
Qui gémit en sortant du ventre de sa mère,
Croirait tout étouffer sous le bruit d'un seul cœur ?
Hâtons-nous d'expier cette erreur d'un insecte,
Et pour que Dieu l'écoute et l'ange le respecte
    Rendons nos voix dans le grand chœur !

A M. FÉLIX GUILLEMARDET

Jeune, j'ai partagé le délire et la faute;
J'ai crié ma misère, hélas! à voix trop haute;
Mon ame s'est brisée avec son propre cri!
De l'univers sensible atome insaisissable,
Devant le grand soleil j'ai mis mon grain de sable,
  Croyant mettre un monde à l'abri.

Puis mon cœur, insensible à ses propes misères,
S'est élargi plus tard aux douleurs de mes frères;
Tous leurs maux ont coulé dans le lac de mes pleurs,
Et, comme un grand linceul que la pitié déroule,
L'ame d'un seul, ouverte aux plaintes de la foule,
  A gémi toutes les douleurs!

Alors dans le grand tout mon ame répandue,
A fondu, faible goutte au sein des mers perdue
Que roule l'Océan, insensible fardeau!
Mais où l'impulsion sereine ou convulsive,
Qui de l'abime entier de vague en vague arrive,
  Palpite dans la goutte d'eau.

SUR SA MALADIE.

Alors, par la vertu, la pitié m'a fait homme;
J'ai conçu la douleur du nom dont on le nomme,
J'ai sué sa sueur, et j'ai saigné son sang ;
Passé, présent, futur, ont frémi sur ma fibre
Comme vient retentir le moindre son qui vibre
  Sur un métal retentissant.

Alors j'ai bien compris par quel divin mystère
Un seul cœur incarnait tous les maux de la terre,
Et comment, d'une croix jusqu'à l'éternité,
Du cri du Golgotha la tristesse infinie
Avait pu contenir seul assez d'agonie
  Pour exprimer l'humanité !...

Alors j'ai partagé, bien avant ma naissance,
Le pénible travail de sa lente croissance
Par qui sous le soleil grandit l'esprit humain,
Semblable au rude effort du sculpteur sur la pierre,
Qui mutile cent fois le bloc dans la carrière
  Avant qu'il vive sous sa main,

Les germinations sourdes de ces idées,
Pareilles à ces fleurs des saisons retardées
Que le pied du faucheur écrase avant leur fruit ;
Cet éternel assaut des vagues convulsives
N'arrachant qu'un rocher par siècles à leurs rives ;
  Ce temps qui ne fait que du bruit !

Cet orageux effort des partis politiques,
Pour rasseoir le saint droit sur les bases antiques,
Pyramide impuissante à se tenir debout,
La liberté que l'homme immole ou prostitue
Du peuple qui la souille au tyran qui la tue
  Passant des cachots à l'égout !

Dieu, comme le soleil attirant les nuages,
Le vulgaire incarnant les purs dogmes des sages,
L'erreur mettant sa main entre l'œil et le feu,
Et le sage du ciel, parlant en paraboles,
Obligé d'écarter en tremblant ces symboles,
  De peur de mutiler le Dieu !

Pas un dogme immuable où le doute repose,
Le mensonge ou le vide au bout de toute chose,
Et le plus beau destin en trois pas traversé ;
La mort, coursier trompeur à qui l'espoir se fie,
S'abattant au milieu de la plus belle vie
    Sur le cavalier renversé !

Ces amours enlacés par mille sympathies
Arrachés du sol tendre ainsi que des orties
A l'heure où de leurs fleurs notre ame embaumerait,
Et le sort choisissant pour but au coup suprême
La minute où le sein bat sous un sein qui l'aime
    Pour percer deux cœurs d'un seul trait.

Ces mères expirant de faim le long des routes,
De leur mamelle à sec pressant en vain les gouttes,
Aux lèvres de leur fils sur leurs genoux gisant ;
Le travail arrosant de sa sueur stérile
Du sol ingrat et dur l'insatiable argile
    Qui boit la rosée et le sang !

Et les vents de la mort dont les fortes haleines
Vident dans le tombeau de grandes villes pleines,
Et sèchent en trois jours trois générations,
Et ces grands secouemens de choses et d'idées,
Qui font monter si haut en vagues débordées
    Les écumes des nations !

Et ces exils qui font à tant d'enfans sans mères
Des fleuves étrangers boire les eaux amères,
Et ces dégoûts d'esprit et ces langueurs du corps,
Et devant ce tombeau que leur misère envie,
Ces infirmes traînant sur les bords de la vie,
    Le linceul de leurs longues morts !

Oui, j'ai trempé ma lèvre, homme, à toutes ces peines ;
Les gouttes de ton sang ont coulé de mes veines ;
Mes mains ont essuyé sur mon front tous ces maux.
La douleur s'est faite homme en moi pour cette foule,
Et comme un océan où toute larme coule,
    Mon ame a bu toutes ces eaux !

Les tiens surtout, ami! jeune ami dont la lèvre,
Que le fiel a touché, de sourire se sèvre!
Qui, sous la main de Dieu, penches ton front pâli,
Ton front, que tes deux mains supportant comme une urne
Soutiennent tout pesant de sa fièvre nocturne
      Où la veille a laissé son pli !

Oh ! les tiennes surtout, ame que Dieu condamne,
A penser sans parler, à sentir sans organe,
A subir des vivans les mille impressions
Sans pouvoir t'y mêler du regard ou du geste,
Comme cette ombre assise au banquet et qui reste
      Sans voix, mais non sans passions!

Au milieu des vivans dont la part t'est ravie,
Tu t'asseois seul devant les flots morts de ta vie,
Sans pouvoir en prendre un dans le creux de ta main
Pour tromper en courant ta soif à ces délices,
Et savoir seulement sur le bord des calices
      Quel goût a le breuvage humain ?

A M. FÉLIX GUILLEMARDET.

O fils de la douleur ! frère en mélancolie !
Oh ! quand je pense à toi, moi-même je m'oublie ;
L'angoisse de tes nuits glace mes membres morts,
Je déchire des mains mes blessures pansées,
Et je sens dans mon front l'assaut de tes pensées
    Battre l'oreiller que je mords !

Et j'élève au Seigneur mes deux mains vers la voûte
En lui criant tout haut ton nom pour qu'il l'écoute ;
J'entoure ton chevet et j'y veille du cœur,
Et je compte les coups de ta lente insomnie,
Et je lave des yeux après ton agonie
    Le suaire de ta langueur !

Et prenant tes deux pieds froids contre ma poitrine,
Je les chauffe en mon sein sous mon front qui s'incline,
Et le barde se change en femme de douleurs,
Et ma lyre devient l'urne de Madeleine
Alors qu'elle embaumait le corps sous son haleine
    Dans l'aromate de ses pleurs !

Saint-Point, 15 Septembre 1837.

XIV

FRAGMENT BIBLIQUE

———

MICOL, JONATHAS.

MICOL, *dans l'obscurité, sans voir Jonathas.*

L'astre des nuits à peine a fini sa carrière !
Et déjà le sommeil a fui de ma paupière !

O nuit ! ô doux sommeil ! tout ressent vos bienfaits !
Hélas ! et mes yeux seuls ne les goûtent jamais !

(Elle tombe à genoux près de l'arche.)

Toi que j'invoque en vain, toi dont la main puissante
A semé de ces feux la voûte éblouissante,
Toi, de qui la parole a formé les humains,
Pour servir de jouet à tes divines mains,
O Dieu ! si de ce trône, ardent, inaccessible,
Où se cache à nos yeux ta majesté terrible,
Tu daignes abaisser tes regards jusqu'à nous,
Vois une amante en pleurs tombant à tes genoux !
Vois ce cœur déchiré qui tremble et qui t'implore
Au pied du tabernacle où tu veux qu'on t'adore,
T'offrir, sans se lasser de tes cruels refus,
Des vœux toujours soumis et jamais entendus !
Vois en pitié ce peuple accablé de misère.
Vois en pitié ce roi que poursuit ta colère !
A ce peuple abattu, rends ta gloire, Seigneur !
Rends ta force à Saül ! et David à mon cœur !

(Elle se relève.)

Quoi ! le ciel aurait-il écouté ma prière ?
Ma prière a rendu ma douleur moins amère !
Il semble qu'en mon cœur une invisible main
Verse un baume inconnu qui rafraîchit mon sein !
Quel pouvoir assoupit le feu qui me dévore ?
Est-ce un premier regard de ce Dieu que j'implore ?
Est-ce un rayon d'espoir qui descend dans mon cœur ?
Mais pour moi l'espérance, hélas ! n'est qu'une erreur.

(Avec plus d'abattement.)

O David ! que fais-tu ? Dans quel climat barbare
Gémis-tu, loin de moi, du sort qui nous sépare ?
Quels monts ou quels rochers cachent tes tristes jours ?
Dans quels déserts languit l'objet de mes amours ?
Seul, au fond des forêts, peut-être à la même heure,
Il lève au ciel ses mains, il m'appelle, il me pleure !
Il pleure ! et nos soupirs, autrefois confondus,
Emportés par les vents, ne se répondent plus !
Ah ! pour moi, jusqu'au jour où la main de mon père,
Aura fermé mes yeux, lassés de la lumière,
Redemandant David, et lui tendant les bras,

Mes yeux de le pleurer ne se lasseront pas !
JONATHAS, s'avançant vers Micol.
Épouse de David ! que le Dieu de nos pères
Vous comble dans ce jour de ses bontés prospères !
MICOL.
Pourquoi me parlez-vous des bontés du Seigneur ?
Je n'ai depuis longtemps connu que ses rigueurs !
JONATHAS.
Le Seigneur est sévère, et n'est pas inflexible :
Aux cris de l'innocence il se montre sensible ;
Il abat, il relève, il console, il punit ;
Tel aujourd'hui l'accuse et demain le bénit.
MICOL.
J'adore sa justice et ne puis la comprendre.
La voix d'un cœur brisé n'a pu se faire entendre ;
Il m'a ravi la joie, et la tombe aujourd'hui
Est le dernier bienfait que j'attende de lui.
JONATHAS.
Mais, si ce Dieu, ma sœur, lassé de sa colère,
Jetait sur Israël un regard moins sévère ?
S'il désarmait son bras ! s'il ramenait à nous
Le vengeur de Juda, mon espoir, votre époux ?

Si David !...

MICOL.

Ah ! cruel ! quel est donc ce langage ?
Pourquoi d'un tel bonheur me rappeler l'image ?
Arraché de mes bras depuis un si long temps
David est-il encore au nombre des vivans ?

JONATHAS.

Eh bien ! apprenez donc le sujet de ma joie,
Il vit !...

MICOL.

Il vit ! ô ciel !

JONATHAS.

Et Dieu vous le renvoie !

MICOL.

Est-il vrai ? quoi ? David ?—Ne me trompez-vous pas ?
Je reverrais David ?

DAVID, s'élançant du bosquet où il était caché.

David est dans tes bras !

MICOL, après un moment d'égarement.

Dieu ! n'est-ce point un songe ? Est-il vrai que je veille !
David ! quoi ? c'est sa voix qui frappe mon oreille ?
Je le vois, je le touche ?— Oh ! Dieu qui me le rends

Ah ! laisse-moi mourir dans ses embrassemens !
DAVID.
Une seconde fois, s'il faut que je la pleure !
Dieu qui vois mon délire, ô Dieu ! fais que je meure !
JONATHAS, à David.
Non, rien ne saurait plus l'arracher de tes bras !
MICOL, à David.
Non : nous mourrons ensemble, ou je suivrai tes pas !
Mais parle ! qu'as-tu fait ? dans quel climat sauvage
As-tu caché tes jours, pendant ce long veuvage ?
Quel Dieu te protégea ? quel Dieu t'a ramené ?
DAVID.
Hélas ! traînant partout mon sort infortuné,
Quels bords n'ont pas été témoins de ma misère ?
J'ai porté ma fortune aux deux bouts de la terre.
D'abord, loin des humains, seul avec ma douleur,
J'ai cherché les déserts et j'aimais leur horreur ;
Des profondes forêts j'aimais les vastes ombres ;
Les monts et les rochers et leurs cavernes sombres
M'ont vu pendant deux ans troubler leur triste paix,
Disputer un asile aux monstres des forêts ;
Arracher aux lions leur dépouille sanglante,

Et me nourrir comme eux d'une chair palpitante.
Du moins lorsque la nuit enveloppait les cieux,
Je gravissais les monts qui dominaient ces lieux,
Et, parcourant de loin cette immense étendue,
Je revoyais la terre à mes yeux si connue ;
La lune, me prêtant ses paisibles clartés,
Me montrait ces vallons par mon peuple habités,
La plaine où tant de gloire illustra mon jeune âge,
Et du fleuve sacré le paisible rivage ;
Sur son cours fortuné j'attachais mes regards,
Et mes yeux de Sion distinguaient les remparts !
— Voilà Sion ! disais-je. Et voilà la demeure
Où soupire Micol, où Jonathas me pleure !
Tout ce qui me fut cher habite dans ces lieux ! —
Et je ne pouvais plus en détacher mes yeux.
Enfin, las de traîner ma honteuse existence,
Dans mes oisives mains je ressaisis ma lance,
Et brûlant de trouver un illustre trépas,
J'allai chercher la mort au milieu des combats ;
J'allai chercher la mort ! Je rencontrai la gloire !
Je volai, comme ici, de victoire en victoire ;
Plus d'un peuple étonné me demanda pour roi :

J'ai préféré mourir à régner loin de toi !
Et je reviens enfin, à mes sermens fidèle,
Vaincre pour ma patrie ou tomber avec elle !

MICOL.

Mais sais-tu ?

DAVID.

Je sais tout et ne redoute rien :
Ce bras est votre appui, mon Dieu sera le mien.

MICOL.

Mais Saül ?

DAVID.

Ses malheurs l'auront changé peut-être.

JONATHAS.

Fuis, les momens sont chers et le roi va paraître !
Que ce bocage épais te dérobe à ses yeux !

(David se retire.)

MICOL.

Après tant d'infortune, attendons tout des cieux !

MICOL, JONATHAS, SAUL.

SAUL, *sortant de ses tentes.*

L'ombre fuit, et la terre a salué l'aurore.
Quand le Dieu d'Israël me regardait encore,
Chaque jour m'annonçait un bienfait du Seigneur,
Chaque jour maintenant m'apporte son malheur !
Quand le flambeau des cieux va finir sa carrière
Je crains l'ombre : il revient, et je hais sa lumière !
Mais qui cache aujourd'hui son disque pâlissant ?
O ciel ! il s'est voilé d'un nuage sanglant !
D'une clarté livide il couvre la nature !
Voyez les eaux, le ciel, les rochers, la verdure,
Tout ne se peint-il pas d'une horrible couleur ?
— Soleil, je te comprends, et je frémis d'horreur !

MICOL.

Mon père, calmez-vous ! Jamais, sur la nature,
L'aurore n'a paru plus sereine et plus pure.

JONATHAS.

O mon roi ! quel prestige a fasciné vos yeux ?
Jamais un jour plus beau n'a brillé dans les cieux.

SAUL.

Qui me soulagera du poids de ma vieillesse ?
Hélas ! qui me rendra les jours de ma jeunesse ?
Aux plaines de Gessen qui conduira mes pas ?
Qui me rendra ma force au milieu des combats ?
Qui me rendra ces jours où ma terrible épée
Brillait comme l'éclair au fort de la mêlée ?
Où, comme un vil troupeau dispersé devant nous,
Le superbe étranger embrassait nos genoux ?
Autrefois tous mes jours se levaient sans nuage !
Tel qu'un jeune lion amoureux du carnage,
Chaque jour j'attaquais un ennemi nouveau,
Chaque jour m'apportait un triomphe plus beau !
Israël reposait à l'ombre de mes tentes ;
Je chargeais ses autels de dépouilles sanglantes !
Et le peuple de Dieu, couronnant son vengeur,
Disait : Gloire à Saül ! et moi : Gloire au Seigneur !

(Un moment de silence.)

Et maintenant, qui suis-je ? Une ombre de moi-même ;
Un roi qu'on abandonne à son heure suprême !
Combattant vainement cette fatalité,

Ce pouvoir inconnu dont je suis agité.
Persécuté, puni, sans connaître mon crime,
Par une main de fer entraîné dans l'abîme,
Triste objet de pitié, de mépris ou d'effroi,
L'esprit du Dieu vivant s'est séparé de moi !

MICOL.

O mon père ! éloignez cette horrible pensée !

JONATHAS.

Rappelez, ô mon roi, votre vertu passée !
Soyez toujours Saül ! Qu'Israël aujourd'hui
Retrouve en vous son roi, son vengeur, son appui.
Ramenez la fortune au bruit de votre gloire.

SAUL.

Malheureux ! Est-ce à moi de parler de victoire ?
Va, loin des cheveux blancs la victoire s'enfuit !
Des bonheurs d'ici-bas la vieillesse est la nuit !
Ce bras est impuissant à sauver ma couronne ;
Dieu la mit sur mon front, mais ce Dieu m'abandonne ;
Et partout un abîme est ouvert sous mes pas !

JONATHAS.

Nous fléchirons le ciel !

SAUL.

On ne le fléchit pas.
Inexorable au gré de son ordre suprême,
Il conduit les mortels, les peuples, les rois même ;
Aveugles instrumens de ses secrets desseins,
Tout tremble devant nous; nous tremblons dans ses main
Sous les doigts du potier, l'argile est moins soumise,
Et Dieu, quand il lui plaît, nous rejette et nous brise.
Il m'a brisé, mon fils ! J'ai régné, j'ai vécu !
Bientôt ma race et moi, nous aurons disparu !

JONATHAS.

D'où vous vient, ô mon roi ! cet effrayant augure ?

SAUL.

Ah ! je lis mon arrêt sur toute la nature !
Un fantôme implacable agite mon sommeil,
Un fantôme implacable assiége mon réveil :
Mille songes affreux, sans liaison, sans suite,
Sont présens à toute heure à mon ame interdite ;
— Un jeune homme expirant sous un coup inhumain !
— Un vieillard malheureux se perçant de sa main !
— Un trône en poudre, — un roi dont le destin s'achève
— Un autre qui s'éteint, — un autre qui se lève,

—De la joie et du sang!—un triomphe!—un cercueil!
—Et des chants de victoire! et des accens de deuil!
Ce désordre confus et ces sombres images,
Peut-être du sommeil sont-ils les vains ouvrages!
J'ai fait, pour les lier, des efforts superflus :
Mon fils, depuis long-temps Dieu ne m'éclaire plus!

JONATHAS.

Demandez-lui, Seigneur, sa force et sa lumière!
Espérez tout de lui!

SAUL.

Que veux-tu que j'espère?
Où sont mes défenseurs? où sont mes compagnons?
Le glaive a moissonné leurs vaillans bataillons!
Au milieu des combats, ils sont tombés sans vie :
Je foule leur poussière et je leur porte envie!
Ils sont morts sans leur frère en vengeant leur pays!
C'est moi qu'il faut pleurer, puisque je leur survis!
Quel appui, Dieu puissant, reste-t-il à ta cause?
Sur quel héros faut-il que mon bras se repose?
Un vieillard, un enfant, une femme et des pleurs,
Voilà donc mon espoir! voilà donc tes vengeurs!

MICOL.

Il en restait un autre !

SAUL.

Et qui donc ?

JONATHAS.

O mon père !
N'aviez-vous pas deux fils ? n'avais-je pas un frère ?

SAUL.

Que dites-vous ? ô ciel ! oh ! regrets superflus !
Oui, David fut mon fils ; hélas ! il ne l'est plus,
David n'est plus mon fils ! Ah ! s'il l'était encore !
S'il entendait la voix du vieillard qui l'implore !
Si le Seigneur pour nous armait encor sa main
De la foudre sacrée ou d'un glaive divin !
Il rendrait à mes sens la force et la lumière,
Et l'ennemi tremblant, couché dans la poussière,
Sous nos coups réunis tomberait aujourd'hui !
Car David est ma force, et Dieu marche avec lui.
Mais j'ai brisé moi-même un appui si fidèle !
C'est par des attentats que j'ai payé son zèle ;
David n'est plus mon fils ! je l'ai trop outragé !
Si mon malheur le venge, il est assez vengé !

JONATHAS.

A ce héros, Seigneur, rendez plus de justice !
Ah ! s'il savait son prince au bord du précipice,
Ce héros généreux viendrait, n'en doutez pas,
Se venger de vos torts en vous offrant son bras !

SAUL.

Ah! tu dis vrai, peut-être ! Oui, ce cœur magnanime
Est fait pour concevoir un dessein si sublime !
Mais séparé de nous, au fond de ses déserts,
Il n'a point entendu le bruit de nos revers !
Il ne reviendra pas me ramener ma gloire !

JONATHAS.

Eh bien! Seigneur, eh bien! ce que vous n'osez croire,
Ce fils reconnaissant pour vous l'a déjà fait.

SAUL.

Oh ciel !

JONATHAS.

Oui, de ces lieux s'approchant en secret,
David, humble et tremblant, attend dans le silence
Que son père et son roi l'admette en sa présence.

SAUL.

Quoi ! David ?

JONATHAS.

Oui, David, en ce danger pressant,
Veut vous offrir sa tête, ou vous donner son sang.

SAUL.

Ah ! béni soit le ciel qui vers nous le renvoie !
David ? Où donc es-tu ? Courez que je le voie !
Je brûle de serrer dans mes bras attendris,
Le salut d'Israël, mon vengeur et mon fils !

(Micol et Jonathas se retirent.)

—∞—

SAUL, SEUL.

Je vais donc le revoir ! jour heureux et terrible !
Pour un cœur grand et fier, oh ! Dieu ! qu'il est pénible
De s'offrir dans l'opprobre et dans l'adversité
Aux regards d'un héros qu'on a persécuté !
Mais que dis-tu, Saül ? Dans ce moment suprême,
Sois juste, et tu seras plus grand qu'il n'est lui-même !

. . . .
. . . .

XV

TOAST

porté dans un banquet national

DES GALLOIS ET DES BRETONS*,

A ABE GAVENNY DANS LE PAYS DE GALLES

———

Quand ils se rencontraient sur la vague ou la grève
En souvenir vivant d'un antique départ,

* On sait que les Gallois et les Bretons, d'origine celtique, se reconnaissent comme une seule famille et célèbrent de temps en temps la commémoration de cette commmunauté de race

Nos pères se montraient les deux moitiés d'un glaive
Dont chacun d'eux gardait la symbolique part.
Frère! se disaient-ils, reconnais-tu la lame?
Est-ce bien là l'éclair? l'eau, la trempe et le fil?
Et l'acier qu'a fondu le même jet de flamme
      Fibre à fibre se rejoint-il?

Et nous, nous vous disons : O fils des mêmes plages!
Nous sommes un tronçon de ce glaive vainqueur;
Regardez-nous aux yeux, aux cheveux, aux visages,
Nous reconnaissez-vous à la trempe du cœur?...
N'est-ce pas cet œil bleu comme la mer profonde
Qui brise entre nos caps sur des écueils pareils?
Où notre ciel brumeux réfléchit dans son onde
      Plus de foudres que de soleils?

Le vent ne fait-il pas battre sur vos épaules
Au branle de vos pas ces forêts de cheveux,
Crinière aux nœuds dorés du vieux lion des Gaules,
Où le soleil sanglant fait ondoyer ses feux?
Ne résonnent-ils pas au souffle des tempêtes
Comme ce crin épars par les lances porté,

TOAST.

Étendards naturels que font flotter nos têtes
    Sur les clans de la liberté ?

De nos robustes mains quand la paume vous serre,
Ce langage muet n'est-il pas un serment
Que jure l'amitié, l'alliance ou la guerre,
Que nul revers ne lasse et nul jour ne dément ?
Nos langues, où le bruit de nos grèves domine,
Ne vibrent-elles pas, rudes du même son,
Ainsi que deux métaux nés dans la même mine
    Rendent l'accord à l'unisson ?

Ne nous jouons-nous pas où le dauphin se joue ?
N'entrelaçons-nous pas, comme d'humbles roseaux,
Le pin durci du pôle au chêne qui le noue
Pour nous bercer aux vents dans les vallons des eaux ?
N'emprisonnons-nous pas dans la toile sonore
L'aile de la tempête ? et, sur les flots amers,
N'aimons-nous pas à voir le jour nomade éclore
    De toutes les vagues des mers ?

Le coursier aux crins noirs, trône vivant des braves,

Ne nous nomme-t-il pas dans ses hennissemens ?
Nos bardes n'ont-ils pas des chants tristes et graves,
Des harpes de Morven vieux retentissemens ?
N'en composent-ils pas les cordes les plus douces
Avec les pleurs de l'homme et le sang des héros,
Le vent plaintif du nord qui siffle sur les mousses,
  Le chien qui hurle aux bords des flots ?

Le poli de l'acier, l'éclair de l'arme nue,
Ne caressent-ils pas nos mains et nos regards ?
Est-il un horizon plus doux à notre vue
Qu'un soleil de combats sur des épis de dards ?
Le passé dans nos cœurs n'a-t-il pas des racines
Qu'on ne peut extirper ni secouer du sol ?
Et ne restons-nous pas rochers sous les ruines
  Quand la poussière a pris son vol ?

Reconnaissons-nous donc, ô fils des mêmes pères !
Le sang de nos aïeux là-haut nous avoûra,
Que l'hydromel natal écume dans nos verres,
Et poussons dans le ciel trois sublimes hourra !
Hourra pour l'Angleterre et ses falaises blanches !

TOAST.

Hourra pour la Bretagne aux côtes de granit !
Hourra pour le Seigneur qui rassemble les branches
    Au tronc d'où tomba le vieux nid !

Que ce cri fraternel gronde sur nos montagnes
Comme l'écho joyeux d'un tonnerre de paix !
Que l'Océan le roule entre les deux Bretagnes !
Que le vaisseau l'entende entre ses flancs épais ?
Et qu'il fasse tomber dans la mer qui nous baigne,
Avec l'orgueil jaloux de nos deux pavillons,
L'aigle engraissé de mort, dont le bec encor saigne
    De la chair de nos bataillons ! *

L'esprit des temps rejoint ce que la mer sépare,
Le titre de famille est écrit en tout lieu.
L'homme n'est plus français, anglais, romain, barbare,
Il est concitoyen de l'empire de Dieu !
Les murs des nations s'écroulent en poussières,
Les langues de Babel retrouvent l'unité,
L'Évangile refait avec toutes ces pierres

* A Waterloo.

Le temple de l'humanité !

Réjouissons-nous donc dans le jour qu'il nous prête ;
L'aube des jours nouveaux fait poindre ses rayons ;
Vous serez dans les temps, monts à la verte crête,
Un Sinaï de paix entre les nations !
Sous nos pas cadencés faisons sonner la terre,
Jetons nos gants de fer et donnons-nous la main,
C'est nous qui conduisons aux conquêtes du père
  Les colonnes du genre humain !

Dans le drame des temps nous avons deux grands rôles.
A nous les champs d'argile, à vous les champs amers !
Pour répandre de Dieu la semence aux deux pôles
Creusons-nous deux sillons sur la terre et les mers !
Dans toute glèbe humaine où sa race fourmille,
Premiers-nés d'Occident, à la neuve clarté,
Marchons, distribuant à l'immense famille
  Dieu, la paix et la liberté !

Dans notre coupe pleine où l'eau du ciel déborde,
Désaltérés déjà, buvons aux nations !

TOAST.

Iles ! ou continens ! que l'onde entoure ou borde,
Ayez part sous le ciel à nos libations !
Oui, buvons ! et, passant notre coupe à la ronde
Aux convives nouveaux du festin éternel,
Faisons boire après nous tous les peuples du monde
    Dans le calice fraternel !

    Saint-Point, 25 Septembre 1838.

XVI.

A

UNE JEUNE FILLE POÈTE*

Quand assise le soir au bord de ta fenêtre
Devant un coin du ciel qui brille entre les toits,

* Ces vers furent adressés à mademoiselle Antoinette Quarré, jeune ouvrière de Dijon, qui avait envoyé à l'auteur plusieurs pièces de vers, imprimées depuis, qui ont vivement excité l'étonnement et l'admiration du public.

L'aiguille matinale a fatigué tes doigts,
Et que ton front comprime une ame qui veut naître;
Ta main laisse échapper le lin brodé de fleurs
Qui doit parer le front d'heureuses fiancées,
Et de peur de tacher ses teintes nuancées
      Tes beaux yeux retiennent leurs pleurs.

Sur les murs blancs et nus de ton modeste asile,
Pauvre enfant! d'un coup d'œil tout ton destin se lit!
Un crucifix de bois au-dessus de ton lit,
Un réséda jauni dans un vase d'argile,
Sous tes pieds délicats la terre en froids carreaux,
Et près du pain du jour que la balance pèse
Pour ton festin du soir le raisin ou la fraise
      Que partagent tes passereaux.

Tes mains sur tes genoux un moment se délassent,
Puis tu vas t'accouder sur le fer du balcon
Où le pampre grimpant, le lierre au noir flocon

A UNE JEUNE FILLE POÈTE.

A tes cheveux épars, amoureux s'entrelacent ;
Tu verses l'eau de source à ton pâle rosier ;
Tu gazouilles son air à ton oiseau fidèle
Qui becquète ta lèvre en palpitant de l'aile
    A travers les barreaux d'osier.

Tu contemples le ciel que le soir décolore,
Quelque dôme lointain de lumière écumant,
Du plus haut, seule au fond du vide firmament
J'étoile, comme toi que Dieu seul voit éclore ;
L'odeur des champs en fleurs monte à ton haut séjour,
Le vent fait ondoyer tes boucles sur ta tempe,
La nuit ferme le ciel, tu rallumes ta lampe,
    Et le passé t'efface un jour !...

Cependant le bruit monte et la ville respire,
L'heure sonne appelant tout un monde au plaisir,
Dans chaque son confus que ton cœur croit saisir
C'est le bonheur qui vibre ou l'amour qui respire.

Les chars grondent en bas et font frissonner l'air ;
Comme des flots pressés dans le lit des tempêtes,
Ils passent emportant les heureux à leurs fêtes,
  Laissant sous la roue un éclair.

Ceux-là versent au seuil de la scène ravie
Cette foule attirée au vent des passions
Et qui veut aspirer d'autres sensations
Pour oublier le jour et pour doubler la vie ;
Ceux-là rentrent des champs, sur de pliants aciers,
Berçant les maîtres las d'ombrage et de murmure,
Des fleurs sur les coussins, des festons de verdure
  Enlacés aux crins des coursiers.

La musique du bal sort des salles sonores,
Sous les pas des danseurs l'air ébranlé frémit,
Dans des milliers de voix le cœur chante ou gémit ;
La ville aspire et rend le bruit par tous les pores.
Le long des murs dans l'ombre on entend retentir

A UNE JEUNE FILLE POÈTE.

Des pas aussi nombreux que des gouttes de pluie,
Pas indécis d'amant où l'amante s'appuie,
    Et pèse pour le ralentir.

Le front dans tes deux mains, pensive tu te penches ;
L'imagination te peint de verts coteaux
Tout résonnans du bruit des forêts et des eaux,
Où s'éteint un beau soir sur des chaumières blanches,
Des sources aux flots bleus voilés de liserons,
Des prés où quand le pied dans la grande herbe nage,
Chaque pas, aux genoux fait monter un nuage
    D'étamine et de moucherons.

Des vents sur les guérets, ces immenses coups d'ailes,
Qui donnent aux épis leurs sonores frissons,
L'aubépine neigeant sur les nids des buissons,
Les verts étangs rasés du vol des hirondelles ;
Les vergers allongeant leur grande ombre du soir,
Les foyers des hameaux ravivant leurs lumières,

A UNE JEUNE FILLE POÈTE.

Les arbres morts couchés près du seuil des chaumières
Où les couples viennent s'asseoir.

Ces conversations à voix que l'amour brise,
Où le mot commencé s'arrête et se repent,
Où l'avide bonheur que le doute suspend
S'envole après l'aveu que lui ravit la brise ;
Ces danses où l'amant prenant l'amante au vol,
Dans le ciel qui s'entr'ouvre elle croit fuir en rêve
Entre le bond léger qui du gazon l'enlève,
Et son pied qui retombe au sol !

Sous la tente de soie ou dans ton nid de feuille
Tu vois rentrer le soir, altéré de tes yeux,
Un jeune homme au front mâle, au regard studieux ;
Votre bonheur tardif dans l'ombre se recueille.
Ton épaule s'appuie à celle de l'époux,
Sous son front déridé ton front nu se renverse,
Son œil luit dans ton œil pendant que ton pied berce
Un enfant blond sur tes genoux !

A UNE JEUNE FILLE POÈTE.

De tes yeux dessillés quand ce voile retombe,
Tu sens ta joue humide et tes mains pleines d'eau ;
Les murs de ce réduit où flottait ce tableau
Semblent se rapprocher pour voûter une tombe ;
Ta lampe y jette à peine un reste de clarté,
Sous tes beaux pieds d'enfant tes parures s'écoulent,
Et tes cheveux épars et les ombres déroulent
    Leurs ténèbres sur la beauté.

Cependant le temps fuit, la jeunesse s'écoule,
Tes beaux yeux sont cernés d'un rayon de pâleur,
Des roses sans soleil ton teint prend la couleur,
Sur ton cœur amaigri ton visage se moule,
Ta lèvre a replié le sourire, la voix
A perdu cette note où le bonheur tressaille ;
Des airs lents et plaintifs mesurent maille à maille
    Le lin qui grandit sous tes doigts.

Eh ! quoi ! ces jours passés dans un labeur vulgaire

A gagner miette à miette un pain trempé de fiel,
Cet espace sans air, cet horizon sans ciel,
Ces amours s'envolant au son d'un vil salaire,
Ces désirs refoulés dans un sein étouffant,
Ces baisers, de ton front chassés comme la mouche
Qui bourdonne l'été sur les coins de ta bouche,
    C'est donc là vivre, ô belle enfant !

Nul ne verra briller cette étoile nocturne !
Nul n'entendra chanter ce muet rossignol !
Nul ne respirera ces haleines du sol
Que la fleur du désert laisse mourir dans l'urne !
Non, Dieu ne brise pas sous ses fruits immortels
L'arbre dont le génie a fait courber la tige ;
Ce qu'oublia le temps, ce que l'homme néglige,
    Il le réserve à ses autels !

Ce qui meurt dans les airs, c'est le ciel qui l'aspire :
Les anges amoureux recueillent flots à flots

A UNE JEUNE FILLE POÈTE.

Cette vie écoulée en stériles sanglots :
Leur aile emporte ailleurs ce que ta voix soupire,
Et ces langueurs de l'ame où gémit ton destin,
Et tes pleurs sur ta joue, hélas ! jamais cueillies,
Et ces espoirs trompés, et ces mélancolies,
  Qui pâlissent ton pur matin.

Ils composent tes chants, mélodieux murmure,
Qui s'échappe du cœur par le cœur répondu ;
Comme l'arbre d'encens que le fer a fendu
Verse en baume odorant le sang de sa blessure !
Aux accords du génie, à ces divins concerts,
Ils mêlent étonnés ces pleurs de jeune fille
Qui tombent de ses yeux et baignent son aiguille,
  Et tous les soupirs sont des vers !

Savent-ils seulement si le monde l'écoute ?
Si l'indigence énerve un génie inconnu ?
Si le céleste encens au foyer contenu

Avec l'eau de ses yeux dans l'argile s'égoutte?
Qu'importe aux voix du ciel l'humble écho d'ici-bas?
Les plus divins accords qui montent de la terre,
Sont les élans muets de l'ame solitaire
  Que le vent même n'entend pas.

Non, je n'ai jamais vu la pâle giroflée,
Fleurissant au sommet de quelque vieille tour
Que bat le vent du nord ou l'aile du vautour,
Incliner sur le mur sa tige échevelée ;
Non, je n'ai jamais vu la stérile beauté,
Pâlissant sous ses pleurs sa fleur décolorée,
S'exhaler sans amour et mourir ignorée,
  Sans croire à l'immortalité !

Passe donc tes doigts blancs sur tes yeux, jeune fille !
Et laisse évaporer ta vie avec tes chants ;
Le souffle du Très-Haut sur chaque herbe des champs
Cueille la perle d'or où l'aurore scintille ;

A UNE JEUNE FILLE POËTE.

Toute vie est un flot de la mer de douleur ;
Leur amertume un jour sera ton ambroisie ;
Car l'urne de la gloire et de la poésie
    Ne se remplit que de nos pleurs !

Saint-Point, 24 août 1833.

XVII.

CANTIQUE

SUR UN RAYON DE SOLEIL

———

Je suis seul dans la prairie
Assis au bord du ruisseau ;
Déjà la feuille flétrie,
Qu'un flot paresseux charrie,

Jaunit l'écume de l'eau.

La respiration douce
Des bois au milieu du jour
Donne une lente secousse
A la vague, au brin de mousse,
Au feuillage d'alentour.

Seul et la cime bercée,
Un jeune et haut peuplier
Dresse sa flèche élancée
Comme une haute pensée
Qui s'isole pour prier !

Par instans le vent qui semble
Couler à flots modulés
Donne à la feuille qui tremble
Un doux frisson qui ressemble
A des mots articulés.

L'azur où sa cime nage

A balayé son miroir
Sans que l'ombre d'un nuage
Jette au ciel une autre image
Que l'infini qu'il fait voir.

Ruisselant de feuille en feuille
Un rayon répercuté
Parmi les lis que j'effeuille,
Filtre, glisse, et se recueille
Dans une île de clarté.

Le rayon de feu scintille
Sous cette arche de jasmin,
Comme une lampe qui brille
Aux doigts d'une jeune fille
Et qui tremble dans sa main.

Elle éclaire cette voûte,
Rejaillit sur chaque fleur,
La branche sur l'eau l'égoutte,
L'aile d'insecte et la goutte

En font flotter la lueur.

A ce rayon d'or qui perce
Le vert grillage du bord,
La lumière se disperse
En étincelle, et traverse
Le cristal du flot qui dort.

Sous la nuit qui les ombrage
On voit, en brillans réseaux,
Jouer un flottant nuage
De mouches au bleu corsage
Qui patinent sur les eaux.

Sur le bord qui se découpe,
De rossignols frais éclos
Un nid tapissé d'étoupe
Se penche comme une poupe
Qui voudrait puiser ses flots.

La mère habile entrecroise

SUR UN RAYON DE SOLEIL.

Au fil qui les réunit,
Les ronces et la framboise,
Et tend, comme un toit d'ardoise,
Ses deux ailes sur son nid.

Au bruit que fait mon haleine,
L'onde ou le rameau pliant,
Je vois son œil qui promène,
Sa noire prunelle pleine
De son amour suppliant !

Puis refermant, calme et douce,
Ses yeux, sous mes yeux amis,
On voit à chaque secousse
De ses petits sur leur mousse
Battre les cœurs endormis.

Ce coin de soleil condense
L'infini de volupté.
O charmante providence !
Quelle douce confidence,

CANTIQUE

D'amour, de paix, de beauté !

Dans un moment de tendresse,
Seigneur, on dirait qu'on sent
Ta main douce qui caresse
Ce vert gazon qui redresse
Son poil souple et frémissant !

Tout sur terre fait silence
Quand tu viens la visiter,
L'ombre ne fuit ni n'avance,
Mon cœur même qui s'élance
Ne s'entend plus palpiter !

Ma pauvre ame ensevelie
Dans cette mortalité
Ouvre sa mélancolie,
Et comme un lin la déplie
Au soleil de ta bonté.

S'enveloppant tout entière

Dans les plis de ta splendeur,
Comme l'ombre à la lumière
Elle ruisselle en prière,
Elle rayonne en ardeur !

Oh ! qui douterait encore
D'une bonté dans les cieux,
Devant un brin de l'aurore,
Qui s'égare et fait éclore
Ces ravissemens des yeux ?

Est-il possible, ô nature !
Source dont Dieu tient la clé,
Où boit toute créature,
Lorsque la goutte est si pure,
Que l'abîme soit troublé ?

Toi qui dans la perle d'onde,
Dans deux brins d'herbe pliés,
Peux enfermer tout un monde
D'un bonheur qui surabonde

Et déborde sur tes pieds,

Avare de ces délices,
Qu'entrevoit ici le cœur,
Peux-tu des divins calices
Nous prodiguer les prémices
Et répandre la liqueur ?

Dans cet infini d'espace,
Dans cet infini du temps,
A la splendeur de ta face,
O mon Dieu ! n'est-il pas place
Pour tous les cœurs palpitans ?

Source d'éternelle vie,
Foyer d'éternel amour,
A l'ame à peine assouvie
Faut-il que le ciel envie
Son étincelle et son jour ?

Non, ces courts momens d'extase

Dont parfois nous débordons,
Sont un peu de miel du vase,
Écume qui s'extravase
De l'océan de tes dons !

Elles y nagent, j'espère,
Dans les secrets de tes cieux,
Ces chères ames, ô père !
Dont nous gardons sur la terre
Le regret délicieux !

Vous pour qui mon œil se voile
Des larmes de notre adieu,
Sans doute dans quelque étoile
Le même instant vous dévoile
Quelque autre perle de Dieu !

Vous contemplez assouvies,
Des champs de sérénité,
Ou vous écoutez ravies,
Murmurer la mer de vies

CANTIQUE.

Au lit de l'éternité !

Le même Dieu qui déploie
Pour nous un coin du rideau
Nous enveloppe et nous noie,
Vous dans une mer de joie,
Moi dans une goutte d'eau !

Pourtant mon ame est si pleine,
O Dieu, d'adoration !
Que mon cœur la tient à peine,
Et qu'il sent manquer l'haleine
A sa respiration !

Par ce seul rayon de flamme,
Tu m'attires tant vers toi,
Que si la mort, de mon ame
Venait délier la trame,
Rien ne changerait en moi !

Sinon qu'un cri de louange

Plus haut et plus solennel,
En voix du concert de l'ange,
Changerait ma voix de fange
Et deviendrait éternel.

Oh ! gloire à toi qui ruisselle
De tes soleils à la fleur !
Si grand dans une parcelle !
Si brûlant dans l'étincelle !
Si plein, dans un pauvre cœur !

XVIII.

ÉPITRE A M. ADOLPHE DUMAS

18 Septembre 1838.

Musa pedestris.

Dans les plis d'un coteau j'étais assis à terre,
Le soleil inondant l'horizon solitaire,
Une brise des bois jouant dans mes cheveux,
Paix, lumière et chaleur, servi dans tous mes vœux,

ÉPITRE

Mon jeune chien, quêtant parmi les sillons fauves,
Effeuillait à mes pieds les bluets et les mauves,
Faisant lever joyeux, l'alouette du sol
Dont le rire en partant l'insultait dans son vol :
Et tout était sourire et graces sur mes lèvres ;
Et, semblable au berger qui rappelle ses chèvres
Et rassemble au bercail les petits des troupeaux,
Tous mes sens rappelaient mon esprit au repos.
Je bénissais celui dont l'immense nature
Prête place au soleil à chaque créature,
Et la terre de Dieu, qui, du val au coteau,
A pour nous cacher tous un coin dans son manteau ;
Et je ne savais pas, dans ma paisible extase,
Si quelque ver rongeur piquait au cœur ma phrase,
Si l'encre à flots épais distillait du flacon
Pour faire sur la feuille une tache à mon nom ;
Ou si quelque journal aux doctrines ridées,
Comme les factions enrôlant les idées,
Condamnait ma pensée à tenir dans l'esprit
Et dans l'étroit pathos de *l'orateur inscrit,*
Et jetait sur mon vers ou sur ma prose indigne

A M. ADOLPHE DUMAS.

L'ombre de ces grands noms qu'un *gérant* contresigne;
Le *Courrier* m'eût privé de feu, de sel et d'eau,
Que le jour sur mon front n'eût pas brillé moins beau.

Oh ! nous sommes heureux parmi les créatures,
Nous à qui notre mère a donné deux natures,
Et qui pouvons, au gré de nos instincts divers,
Passer d'un monde à l'autre et changer d'univers !
Lorsque nos pieds, saignant dans les sentiers de l'homme,
Ont usé cette ardeur que le soleil consomme,
Notre ame, à ses labeurs disant un court adieu,
Prend son aile et s'enfuit dans les œuvres de Dieu ;
La contemplation, qui l'enlève à la terre,
Lui découvre la source où l'eau la désaltère ;
Puis, quand la solitude a rafraîchi ses sens,
Son courage l'appelle, et lui dit : Redescends !

Ainsi quand le pêcheur, fatigué de la rame,
Dans les replis d'une anse a rattaché sa prame,

Il ressaisit la bêche, et, du terrain qu'il rompt,
Fend la glèbe humectée avec l'eau de son front;
Et quand la bêche échappe à sa main qu'elle brise,
Il rehisse sa voile au souffle de la brise,
Et regarde, en fendant la mer d'un autre soc,
La poudre de la vague écumer sous son foc;
Pour son double élément il semble avoir deux ames,
Taureau dans le sillon, mouette sur les lames.
Poète! ame amphibie aux élémens divers,
Ta vague ou ton sillon, c'est ta prose ou tes vers!

J'étais ainsi plongé dans cet oubli des choses,
Quand le vent du midi, parmi l'odeur des roses,
M'apporta cette épître où ton cœur parle au mien
En vers entrecoupés comme un libre entretien;
Billet où tant de sens parle avec tant de grace,
Que Virgile l'eût pris pour un billet d'Horace,
Pour un de ces oiseaux du Béranger romain,
Qui, prenant au hasard leur doux vol de sa main,
Les pieds encor trempés des ondes de Blanduse,

A M. ADOLPHE DUMAS.

Allaient porter au loin les saluts de sa muse,
Et dont plusieurs, volant vers la postérité,
S'égarèrent pour nous dans l'immortalité !
Celui qui m'apporta tes vers sur ma fenêtre,
Ami ! ressemblait tant aux colombes du maître
Que promenant ma main sur l'oiseau familier,
Je cherchai si son cou n'avait pas de collier,
Croyant lire en latin l'exergue de sa bague :
« Je viens du frais Tibur »; mais il venait d'*Eyrague* *.
Je les ai lus trois fois, ces vers consolateurs,
Sans me laisser surprendre à leurs philtres flatteurs ;
Sur ce nectar du cœur j'ai promené la loupe ;
J'ai vidé le poison, mais j'ai gardé la coupe,
Cette coupe où la main a ciselé dans l'or
Ton amitié pour moi que j'y veux lire encor !

. . . .

Il est doux au roulis de la mer où l'on nage

---

* Village de Provence, d'où la lettre de M. Dumas était datée.

De voir un feu lointain luire sur le rivage ;
De sentir au milieu des pierres de l'affront
La feuille d'oranger vous tomber sur le front !
Pour rendre à cet ami l'odorante pensée,
On cherche avec amour la main qui l'a tracée,
Et l'on éprouve un peu ce que Job éprouva
Lorsque de son fumier son ange le leva.
Au plus noir de l'absinthe à mes lèvres versée,
C'est là l'impression du miel de ta pensée.
Je me dis : Ce vent doux parmi tant de frimas,
N'est pas né, je le sens, dans les mêmes climats ;
Mais, venu d'Orient, son souffle que j'aspire
A l'odeur d'un laurier et le son d'une lyre !...

Ce n'est pas cependant que mon esprit enflé
De l'orgueilleux chagrin d'un grand homme sifflé,
Jugeant avec mépris le siècle qui le juge,
Cherche à sa vanité ce sublime refuge
Où le Tasse et Milton, loin de leurs détracteurs,
Ont, leur gloire à la main, attendu leurs lecteurs.

A M. ADOLPHE DUMAS.

Lorsque dans l'avenir un siècle ingrat l'exile,
Oui, l'immortalité du génie est l'asile !
Mais pour chercher comme eux l'ombre de ses autels,
Il faut avoir commis leurs livres immortels ;
D'un grand forfait de gloire il faut être coupables ;
L'ostracisme n'écrit que des rois sur ses tables.
Pour nous, sujets obscurs du jour qui va finir,
Laissons aux immortels leur foi dans l'avenir,
Buvons sans murmurer le nectar ou la fange,
Et ne nous flattons pas que le siècle nous venge.

Nous venger ? l'avenir ? lui ? gros d'un univers ?
Lui, dans ses grandes mains peser nos petits vers ?
Lui, s'arrêter un jour dans sa course éternelle
Pour revoir ce qu'une heure a broyé sous son aile ?
Pour exhumer du fond de l'insondable oubli
La page où du lecteur le doigt a fait un pli ?
Pour décider au nom de la race future
Si l'hémistiche impie offensa la césure ?
Ou si d'un feuilleton les arrêts en lambeaux

ÉPITRE

Ont fait tort d'une rime aux morts dans leurs tombeaux ?

Quoi qu'en disent là-haut les scribes dans leurs sphères,
L'avenir, mes amis, aura d'autres affaires :
Il aura bien assez de sa tâche au soleil
Sans venir remuer nos vers dans leur sommeil.
Jamais le lit trop plein de l'océan des âges
De flots plus débordans ne battit ses rivages ;
Jamais le doigt divin à l'éternel torrent
N'imprima dans sa fuite un plus fougueux courant ;
On dirait qu'amoureux de l'œuvre qu'il consomme
L'esprit de Dieu, pressé, presse l'esprit de l'homme,
Et, trouvant l'œuvre longue et les soleils trop courts,
Dans l'œuvre qu'il condense accumule les jours.
Que d'œuvres à finir ! que d'œuvres commencées
Lèguent au lendemain nos mourantes pensées !
Quelle route sans fin nous traçons à ses pas !
Que sera ce chaos s'il ne l'achève pas ?
Qu'il lui faudra de mains pour élever ces pierres
Que nous taillons à peine au fond de leurs carrières !

A M. ADOLPHE DUMAS.

Qui donnera le plan, la forme, le dessin ?
Quel effort convulsif contractera son sein ?
Un monde à soulever couché dans ses vieux langes,
L'homme, image tombée, à dépouiller de fanges,
Comme on dresse au soleil du limon de l'oubli
Dans le sable du Nil un sphinx enseveli !
Sous mille préjugés dans la honte abattue,
Refaire un piédestal à la sainte statue,
Et sur son front levé rendre à l'humanité
Les rayons disparus de sa divinité !
Réveiller l'homme enfant emmaillotté de songes,
Des instincts éternels séparer nos mensonges,
Des nuages obscurs qui couvrent l'horizon
Dégager lentement le jour de la raison,
De chaque vérité dont la lumière est flamme,
Du genre humain croissant féconder la grande ame ;
Des peuples écoulés dépassant les niveaux,
Le faire déborder en miracles nouveaux;
Asservir à l'esprit les élémens rebelles,
Prendre au feu sa fumée, à l'aquilon ses ailes,
Sur des fleuves d'acier faire voguer les chars,

Multiplier ses sens par les sens de nos arts ;
De ces troupeaux humains que la verge fait paître,
Parqués, marqués au flanc par les ciseaux du maître,
Fondre les nations en peuple fraternel,
Marqués au front par Dieu de son chiffre éternel ;
Au lieu de mille lois qu'une autre loi rature,
Dans le code infaillible écrire la nature,
Déshonorer la force, et, sur l'esprit dompté,
Faire du ciel en nous régner la volonté !
Comme du lit des mers les vagues débordées,
Voir les faits s'écrouler sous le choc des idées,
Porter toutes les mains sur l'arche des pouvoirs,
Combiner d'autres droits avec d'autres devoirs,
Parlant en vérités et plus en paraboles,
Arracher Dieu visible à l'ombre des symboles,
Dans l'esprit grandissant où sa foi veut grandir,
Au lieu de le voiler, le faire resplendir,
Et lui restituant l'univers qu'il anime,
Faire l'homme pontife et le culte unanime !
Écouter les grands bruits que feront en croulant
L'autel renouvelé, le trône chancelant,

A M. ADOLPHE DUMAS.

Les voix de ces tribuns ameutant les tempêtes,
Artistes, orateurs, penseurs, bardes, prophètes,
Vaste bourdonnement des esprits en émoi,
Dont chacun veut son jour, et crie au temps : A moi !

Voilà de l'avenir l'œuvre où la peine abonde !
Et tu veux qu'au milieu de ce travail d'un monde
Le siècle des six jours, sur sa tâche incliné,
Se retourne pour voir quelle ame a bourdonné ?
C'est l'erreur du ciron qui croit remplir l'espace.
Non : pour tout contenir le temps n'a que sa place ;
La gloire a beau s'enfler, dans les siècles suivans
Les morts n'usurpent pas le soleil des vivans ;
La même goutte d'eau ne remplit pas deux vases ;
Le fleuve en s'écoulant nous laisse dans ses vases,
Et la postérité ne suspend pas son cours
Pour pêcher nos orgueils dans le vieux lit des jours.

Quoi ! faut-il en pleurer ? Le doux chant du poète

Ne le charme-t-il donc qu'autant qu'on le répète ?
Le son mélodieux du bulbul de tes bois
Est-il donc dans l'écho plutôt que dans la voix ?
N'entends-tu pas en toi de célestes pensées,
Par leur propre murmure assez récompensées ?
Le génie est-il donc extase ou vanité ?
N'écouterais-tu pas pendant l'éternité
Le bruit mélodieux de ces ailes de flamme
Que fait l'aigle invisible en traversant ton ame ?
Le cœur a-t-il besoin que, dans ses sentimens,
Tout l'univers palpite avec ses battemens ?
Eh ! qu'importe l'écho de ta voix faible ou forte !
N'est-il pas aussi long que le vent qui l'emporte ?
Ne se confond-il pas dans cet immense chœur
Que la vie et l'amour tirent de chaque cœur ?

N'as-tu pas vu souvent aux jours pâles d'automne,
Le vent glacé du nord, dont l'aile siffle et tonne,
Fouetter en tourbillons, dans son fougueux courant,
Les dépouilles du bois en liquide torrent ?

A M. ADOLPHE DUMAS.

Du fleuve où roule à sec sa gerbe amoncelée,
Le bruit des grandes eaux monte sur la vallée,
Bien qu'un gémissement sorte de chaque plis,
Notre oreille n'entend qu'un immense roulis ;
Mais l'oreille de Dieu, qui plus haut les recueille,
Distingue dans ce bruit la voix de chaque feuille,
Et du brin d'herbe mort le plus léger frisson
Dont ce bruit collectif accumule le son.
C'est ainsi, mon ami, que, dans le bruit terrestre,
Dont le génie humain est le confus orchestre,
Et qu'emporte en passant l'esprit de Jéhova,
Le faible bruit de l'homme avec l'homme s'en va.
A l'oreille de Dieu ce bruit pourtant arrive ;
Chaque ame est une note, hélas ! bien fugitive,
Chaque son meurt bientôt ; mais l'hymne solennel
S'élève incessamment du temps à l'Éternel !
Notre voix qui se perd dans la grande harmonie
Va retentir pourtant à l'oreille infinie !
Eh ! quoi ! n'est-ce donc rien que d'avoir en passant
Jeté son humble strophe au concert incessant ?
Et d'avoir parfumé ses ailes poétiques

De ces soupirs notés dans les divins cantiques ?
Faut-il pour écouter ce qui mourra demain
Imposer à jamais silence au genre humain ?

Elle vole plus haut l'ame du vrai poète !
De toute ma raison, ami, je te souhaite
Le dédain du journal, l'oubli de l'univers,
Le gouffre du néant pour ta prose ou tes vers ;
Mais au fond de ton cœur une source féconde,
Où l'inspiration renouvelle son onde,
Et dont le doux murmure, en berçant ton esprit,
Coule en ces vers muets qu'aucune main n'écrit ;
Une ame intarissable en sympathique extase,
Où l'admiration déborde et s'extravase ;
Ces saints ravissemens devant l'œuvre de Dieu,
Qui font pour le poète un temple de tout lieu ;
Ces conversations en langue intérieure
Avec l'onde qui chante ou la brise qui pleure,
Avec l'arbre, l'oiseau, l'étoile au firmament,
Et tout ce qui devient pensée ou sentiment ;

A M. ADOLPHE DUMAS.

Une place au soleil contre un mur où l'abeille,
Nageant dans le rayon, bourdonne sous la treille ;
Sous les verts parasols de tes pins du midi,
Une pente d'un pré par le ciel attiédi,
D'où le regard glissant voit à travers la brume
La mer bleue au rocher jeter sa blanche écume,
Et la voile lointaine à l'horizon mouvant
Comme un arbre des flots s'incliner sous le vent,
Et d'où le bruit tonnant des vagues élancées,
Donnant une secousse à l'air de tes pensées,
Te fait rêver pensif à ce vaste miroir
Où Dieu peint l'infini pour le faire entrevoir !...
Un reflet de ton ciel toujours sur ton génie ;
Des cordes de ton cœur la parfaite harmonie !
La conscience en paix sommeillant dans ton sein
Comme une eau dont nul pied n'a troublé le bassin ;
Au flanc d'une colline où s'étend ton royaume,
Un toit de tuile rouge ou d'ardoise ou de chaume,
Dont l'ombre soit ton monde, et dont le pauvre seuil
Ne rende après cent ans son maître qu'au cercueil;
Là, des sommeils légers que l'alouette éveille,

ÉPITRE

Pour reprendre gaîment le sillon de la veille ;
Une table frugale où la fleur de tes blés
Éclate auprès des fruits que ta greffe a doublés ;
Sur le noyer luisant dont ton chanvre est la nappe,
Un vin dont le parfum te rappelle sa grappe ;
Un platane en été ; dans l'hiver un foyer
Où ta main jette au feu le noyau d'olivier ;
Aux flambeaux dont ta ruche a parfumé la cire,
Des livres cent fois lus que l'on aime à relire,
Phares consolateurs que pour guider notre œil
Les tempêtes du temps ont laissés sur l'écueil,
Dont nos vents inconstans n'agitent plus la flamme,
Mais qui luisent bien haut au firmament de l'ame !...
Pour que le fond du vase ait encor sa douceur,
Jusqu'au soir de la vie une mère, une sœur,
Un ami des vieux jours, voisin de solitude,
Exact comme l'aiguille et comme l'habitude,
Et qui vienne le soir, de son mot régulier,
Reprendre au coin du feu l'entretien familier.

Avec cela, mon cher, que l'ongle des critiques

Marque du pli fatal nos pages poétiques,
Heureux à nos soleils, qu'on nous siffle à Paris,
La gloire me plairait... pour la vendre à ce prix !

XIX.

A UNE JEUNE FILLE

QUI ME DEMANDAIT DE MES CHEVEUX

Des cheveux ! mais ils sont blanchis sous les années !
Des cheveux ! mais ils vont tomber sous les hivers !
Que feraient tes beaux doigts de leurs boucles fanées?
Pour tresser la couronne, il faut des rameaux verts.

A UNE JEUNE FILLE.

Crois-tu donc, jeune fille, aux jours d'ombre et de joie
Qu'un front d'homme, chargé de quarante printemps,
Germe ces blonds anneaux et ces boucles de soie
Où l'espérance joue avec les dix-sept ans ?

Crois-tu donc que la lyre, où notre ame s'accorde,
Chante au fond de nos cœurs, toujours pleine de voix,
Sans que de temps en temps il s'y rompe une corde
Qui laisse, en se taisant, un vide sous nos doigts ?

Pauvre naïve enfant ! que dirait l'hirondelle
Si, quand l'hiver l'abat aux débris de sa tour,
Ta voix lui demandait les plumes de son aile
Qu'emporte la tempête ou sème le vautour ?

Demande, dirait-elle, au nuage, à l'écume,
A l'épine, au désert, aux ronces du chemin,
A tous les vents du ciel j'ai laissé quelque plume,

Et pour me réchauffer je n'ai plus que ta main !

Ainsi te dit mon cœur, jeune et tendre inconnue ;
Mais quand dans ces cheveux vos souffles passeront,
Je sentirai long-temps, malgré ma tempe nue,
La séve de vingt ans battre encor dans mon front.

XX.

A ANGELICA

Jeune voix que Dieu fit éclore
Comme un hymne au matin du jour ;
Chaque ame en ce triste séjour
Pour toi fut un temple sonore

Que tu remplis de sons, de délire et d'amour !

Bulbul, ainsi que toi, ne chante qu'une aurore ;
Mais il revient souvent au bois qu'il a quitté,
Écouter si du roc la source coule encore,
En soupirs aussi purs, si le son s'évapore,
Si la rosée y tombe aux tièdes nuits d'été.

Ah ! reviens comme lui, bel oiseau qui t'envole !
Tu trouveras toujours un écho dans nos bois,
Un désert dans nos cœurs qu'aucun bruit ne console,
Et des pleurs dans nos yeux pour tomber à ta voix !

Saint-Point, 25 Septembre 1834.

XXI.

A AUGUSTA

———

Bulbul enivre toute oreille
De sons, de musique et de bruit ;
Sa voix éclatante réveille
Les échos charmés d'une nuit ;

A AUGUSTA.

La douce et blanche tourterelle
N'a qu'une note dans la voix,
Mais cette note est éternelle,
Et ne dort jamais sous les bois ;

C'est un souffle qu'amour agite,
Un soupir qui pleure en sortant,
C'est un cœur ému qui palpite,
Une ame sans voix qu'on entend.

Plus on écoute et plus on rêve,
En vain ce soupir n'a qu'un son,
L'oreille attend, devine, achève,
Et l'ame vibre à l'unisson.

Celui qu'un double charme attire
Entre l'ivresse et la langueur,
Écoute, hésite, et ne peut dire
Lequel est l'oiseau de son cœur !

XXII.

LE TOMBEAU DE DAVID

A JÉRUSALEM

A M. DARGAUD *.

I.

O harpe qui dors sur la tête
Immense du poète roi,

---

* M. Dargaud, jeune écrivain du plus haut talent, vient de donner une nouvelle traduction des psaumes. Ces vers furent inspirés à M. de Lamartine par l'impression que fit

Veuve immortelle du prophète,
Un jour encore, éveille-toi !
Quoi ! dans cette innombrable foule
Des races dont le pied te foule
Il n'est plus une seule main
Qui te remue et qui t'accorde,
Et qui puisse un jour sur ta corde
Faire éclater l'esprit humain ?

Es-tu comme le large glaive
Dans les tombes de nos aïeux,
Qu'aucun bras vivant ne soulève
Et que l'on mesure des yeux ?
Harpe colossale, es-tu comme
Ces immenses ossemens d'homme
Que le soc entraîne avec lui,

sur lui la lecture de cette traduction, où le génie de la langue hébraïque et l'éclat des images orientales sont pour ainsi dire palpables à travers tant de siècles et une autre langue.

A JÉRUSALEM.

Grands débris d'une autre nature
Qui, pour animer leur stature,
Voudraient dix ames d'aujourd'hui ?

Est-ce que l'haleine divine,
Qui souffla mille ans sur ces bords,
Ne soulève plus de poitrine
Assez mâle pour tes accords ?
Cordes muettes de Solyme,
Que faut-il pour qu'un Dieu ranime
Ces ferventes vibrations ?
Viens sur mon sein, harpe royale,
Écoute, si ce cœur égale
Tes larges palpitations ?

N'y sens-tu pas battre cette ame
Qui lutte avec des sens mortels ?
Et qui jette au milieu du drame
Des cris qui fendent les autels ?

N'y sens-tu pas dans son cratère
Comme des laves sous la terre
Gronder les fibres de douleurs ?
N'entends-tu pas sous leurs racines
Comme un Cedron sous ses ravines
Filtrer le sourd torrent des pleurs ?

Faut-il avoir dans son enfance,
Gardien d'onagre et de brebis,
Brandi la fronde pour défense,
Porté leurs toisons pour habits ?
Faut-il avoir sur les collines,
Errant du rocher aux épines,
Déchiré ses pieds au buisson ?
La nuit épiant, solitaire,
Les soupirs du cœur de la terre,
Monté son ame à l'unisson ?

Faut-il d'une pieuse femme,

A la mamelle de ta foi,
Avoir bu ce saint lait de l'ame
Où s'allume la soif de toi ?
Faut-il, enfant des sacrifices,
Avoir transvasé les prémices
Dans les corbeilles du saint lieu ?
Et retenu ce doux bruit d'ailes
Que font les prières mortelles
En s'abattant aux pieds de Dieu ?

Faut-il avoir aimé son frère
Jusqu'à l'exil, jusqu'au trépas,
Et persécuté par son père,
Versé son cœur sur Jonathas ?
Coupable d'amours insensées,
Faut-il avoir dans ses pensées
Retourné cent fois le remord ?
Meurtri ses membres sur sa couche ?
Et déjà vieux, collé sa bouche
Aux pieds glacés de son fils mort ?

Sur l'abîme de la justice,
Où toute raison se confond,
Comme du haut d'un précipice
Faut-il avoir plongé sans fond ?
Avec les ruisseaux de sa joue
Faut-il avoir pétri la boue,
Dont fut formé l'insecte humain ?
Et serré des deux bras la terre
Comme le guerrier mort qui serre
L'herbe sanglante avec sa main.

II.

Tout cela je l'ai fait, ô funèbre génie
Qui mesure à nos pleurs tes torrens d'harmonie !
Tout cela je l'ai bu dans la coupe où je bois !
Dans le sang de mon cœur, dans le lait de ma mère,
Dans l'argile où du sort l'eau n'est pas moins amère
    Que les larmes des yeux des rois !

A JÉRUSALEM.

Crois-tu qu'en vieillissant sur ce globe des larmes,
Le mal ait émoussé la pointe de ses armes?
Que le cœur du sujet soit d'un autre élément?
Que la fibre royale ait une autre nature?
Et que notre humble chair sèche sous la torture
    Sans rendre de gémissement?

III.

Non ! de tous ces grands cris j'ai parcouru la gamme,
De la plainte des sens jusqu'aux langueurs de l'ame ;
Chaque fibre de l'homme au cœur m'a palpité,
Comme un clavier touché d'une main lourde et forte
Dont la corde d'airain se tord, brisée et morte,
    Et que le doigt emporte
    Avec le cri jeté !

Pourquoi donc, sous mon souffle et sous mes doigts re-
                                [belles,

O harpe ! languis-tu comme un aiglon sans ailes ?
Tandis qu'un seul accord du barde d'Israël
Fait après deux mille ans dans les chœurs de nos fêtes
Ondoyer tout un peuple aux accens des prophètes,
     Flamboyer les tempêtes
     Et se fendre le ciel ?

Ah ! c'est que la douleur et son brûlant délire
N'est pas le feu du temple et la clef de la lyre !
C'est que de tout foyer ton amour est le feu !
C'est qu'il t'aimait, Seigneur, sans mesure et sans doute,
Que son ame à tes pieds s'épanchait goutte à goutte,
     Et qu'on ne sait quand on l'écoute
S'il parle à son égal ou s'il chante à son Dieu !

Jamais l'amour divin qui soulève le monde
Comme l'astre des nuits des mers soulève l'onde,
Ne permit au limon où son image a lui
De s'approcher plus près pour contempler sa face

Et de combler jamais d'une plus sainte audace
    L'immensurable espace
    De la poussière à lui !

IV.

  Louanges, élans, prières,
  Confidences familières,
  Battemens d'un cœur de feu,
  Tout ce qu'amour à peine ose,
  Pieds qu'il presse et qu'il arrose,
  Front renversé qui repose
  Couché sur le sein de Dieu !

  Soupirs qui fendent les roches,
  Colères, tendres reproches,
  Sur un ingrat abandon ;
  Retours de l'ame égarée,
  Et qui revient altérée

Baiser la main retirée,
Sûre du divin pardon !

Larmes que Dieu même essuie
Ruisselant comme une pluie
Sur qui son courroux s'abat,
Bruyant assaut de pensées,
Apostrophes plus pressées
Que mille flèches lancées
Par une armée au combat !

Toutes les tendres images
Des plus amoureux langages
Trop tièdes pour tant d'ardeurs !
De toute chose animée
Sur ces collines semée
La terre entière exprimée
Pour faire un faisceau d'odeurs !

Le lis noyé de rosée,
La perle des nuits posée

A JÉRUSALEM.

Sur les roses de Sarons,
L'ombre du jour sous la grotte,
L'eau qui filtre et qui sanglotte,
La splendeur du ciel qui flotte
Sur l'aile des moucherons;

L'oiseau que la flèche frappe,
Qui vient becqueter la grappe
Dans les vignes d'Engaddi,
La cigale infatigable,
De l'homme émiettant la table,
Hymne vivant que le sable
Darde au rayon du midi!

Toutes les langueurs de l'ame,
Le cerf altéré qui brame
Pour l'eau que le désert boit,
L'agneau broutant les épines,
Le chameau sur les collines,
Le lézard dans les ruines,
Le passereau sur le toit!

La mendiante hirondelle,
Dont le vautour plume l'aile,
Brisée aux pieds de sa tour ;
Sont la note tendre et triste
De la harpe du psalmiste
Par qui notre oreille assiste
A ces mystères d'amour.

V.

Aussi, tu le comblais de tes miséricordes.
Ton nom, ô Jéhova ! sanctifiait ses cordes,
Sa prière à ta droite arrachait don sur don.
Il pouvait s'endormir dans d'impures mollesses,
Tu poursuivais son cœur, au fond de ses faiblesses,
  De ton impatient pardon !

Fautes, langueurs, oubli, défaillances, blasphème,
Adultères sanglans, trahisons, forfaits même,

Ta grace couvrait tout du flux de tes bontés,
Et comme l'Océan dévore son écume
Son ame, engloutissant le mal qui la consume,
    Dévorait ses iniquités.

Quel crime n'eût lavé cette larme sonore
Qui tomba sur la lyre et qui résonne encore ?
Tes pieds divins, Seigneur, en gardent la senteur !
Tu défendis aux vents d'en sécher nos visages,
Et tu dis aux vivans : Roulez-la dans les âges !
Humectez tous vos yeux, mouillez toutes vos pages
    Des larmes de mon serviteur !

Et la terre entendit l'ordre de Jéhova,
Et cette eau fut un fleuve où tout cœur se lava !

VI.

J'ai vu blanchir sur les collines
Les brèches du temple écroulé,

Comme une aire d'aigle en ruines
D'où l'aigle au ciel s'est envolé !
J'ai vu sa ville devenue
Un blanc monceau de cendre nue
Qui volait sous un vent de feu ;
Et le guide des caravanes
Attacher le pied de ses ânes,
Sur les traces du pied de Dieu.

Le chameau, las, baissant la tête
Pour s'abriter des cieux brûlans,
Dans le royaume du prophète
N'avait que l'ombre de ses flancs ;
Siloé qui le désaltère
N'était qu'une sueur de terre
Suant sa malédiction,
Et l'Arabe en sa main grossière
Ramassant un peu de poussière,
Se disait : C'est donc là Sion !...

Des fondements de l'ancien temple

A JÉRUSALEM.

Un nouveau temple était sorti,
Que sous sa coupole plus ample
Un troisième avait englouti.
Trois dieux avaient vieilli ; leur culte
S'écroulant sur ce sol inculte,
S'était renouvelé trois fois,
Comme un tronc qui toujours végète
Brise son écorce et projette
De jeunes rameaux du vieux bois !

Le passereau sous la muraille
Dont le temps blanchit le granit,
Cherchait en vain le brin de paille,
Pour bâtir seulement son nid !
On ne voyait que des colombes
Voler sur les turbans des tombes,
Et se cachant sous ces débris,
Quelques ames contemplatives
Sortir leurs figures craintives
Par les fentes de leurs abris.

Sous les pas cette solitude

N'avait que des bruits creux et sourds,
Le désert avait l'attitude
Qu'il aura le dernier des jours !
Trainant les pieds, baissant la tête,
Je cherchais ta tombe, ô prophète !
Sous les ronces de ton palais,
Et je ne voyais que trois pierres,
Qu'un soleil dur à mes paupières,
Incendiait de ses reflets ?

Tout à coup, au tocsin des heures,
Qui sonnait l'adoration,
Sortit de ces mornes demeures
Ta voix souterraine, ô Sion !
Des hommes de tous les visages,
Des langues de tous les langages,
Venus, des quatre vents du ciel,
Multipliant l'écho des psaumes,
Convoquèrent tous les royaumes
A la prière d'Israël !

Les tombes ouvrirent leur porte

Aux accens du barde des rois,
Le vent roula vers la mer Morte
L'écho triomphant de sa voix,
Le palmier secoua sa poudre,
Le ciel serein de foudre en foudre
Jeta le nom d'Adonaï,
L'aigle effrayé lâcha sa proie,
Et l'on vit palpiter de joie
Deux ailes sur le Sinaï.

VII.

Est-ce là mourir, ô prophète ?
Quoi ! pendant une éternité
Sentir le souffle qu'on lui prête
Respirer dans l'humanité ?
Quoi ! donner le vent de son ame
A toute chose qui s'enflamme ?
Être le feu de cet encens ?
Et partout où le jour se couche
Avoir son cri sur toute bouche,
Son accent dans tous les accens ?

Est-ce là mourir? Non ! c'est vivre,
Plus vivant dans le verbe écrit !
Par chaque œil qui s'ouvre au saint livre,
C'est multiplier son esprit !
C'est imprimer sa sainte trace
Sur chaque parcelle d'espace
Où peuvent plier deux genoux !
Et nous, bardes au vain délire,
Dont les doigts sèchent sur la lyre,
Dites-moi : Pourquoi mourrons-nous ?

Ah ! c'est que ta haute pensée,
Pur vase de délection,
N'était qu'une langue élancée
D'un foyer d'inspiration !
C'est que l'amour sous son extase
Donnait au parfum de ce vase
Leur sainte volatilité,
Et que partout où Dieu se pose
Il laisse à l'homme quelque chose
De sa propre immortalité !

XXIII.

A M. LE COMTE DE VIRIEU

après la mort d'un ami commun

LE BARON DE VIGNET

MORT A NAPLES, EN 1838

Aimons-nous ! nos rangs s'éclaircissent,
Chaque heure emporte un sentiment;
Que nos pauvres ames s'unissent
Et se serrent plus tendrement !

A M. LE COMTE DE VIRIEU.

Aimons-nous ! notre fleuve baisse ;
De cette coupe d'amitié
Que se passait notre jeunesse
Les bords sont vides à moitié !

Aimons-nous ! notre beau soir tombe ;
Le premier des deux endormi
Qui se couchera dans la tombe
Laissera l'autre sans ami !

O Naples ! sur ton cher rivage,
Lui, déjà ses yeux se sont clos ;
Comme au lendemain d'un voyage,
Il a sa couche au bord des flots !

Son ame, harmonieux cantique,
Son ame, où les anges chantaient,
De sa tombe entend la musique
De ces mers qui nous enchantaient !

Comme un cygne à la plume noire,
Sa pensée aspirait au ciel,

Soit qu'enfant le sort l'eût fait boire
Quelque goutte amère de fiel !

Soit que d'infini trop avide,
Trop impatient du trépas,
Toute coupe lui parût vide
Tant que Dieu ne l'emplissait pas !

Il était né dans des jours sombres,
Dans une vallée au couchant,
Où la montagne aux grandes ombres
Verse la nuit en se penchant.

Les pins sonores de Savoie
Avaient secoué sur son front
Leur murmure, sa triste joie,
Et les ténèbres de leur tronc !

Ainsi que ces arbres sublimes,
Sur les Alpes multipliés,
Qui portent l'aube sur leurs cimes
En couvrant la nuit à leurs piés,

A M. LE COMTE DE VIRIEU.

Son ame nuageuse et sombre,
Trop haute pour ce vil séjour,
Laissant tout le reste dans l'ombre,
Du ciel seul recevait le jour !

Il aimait leurs mornes ténèbres
Et leur muet recueillement,
Et du pin dans leurs nuits funèbres
L'âpre et sourd retentissement !

Il goûtait les soirs gris d'automne,
Les brouillards du vent balayés,
Et le peuplier monotone
Pleuvant feuille à feuille à ses piés !

Des lacs déserts de sa patrie
Son pas distrait cherchait les bords,
Et sa plaintive rêverie
Trouvait sa voix dans leurs accords !

Puis, comme le flot du rivage
Reprend ce qu'il avait roulé,

Son dédain effaçait la page
Où son génie avait coulé !

Toujours errant et solitaire,
Voyant tout à travers la mort,
De son pied il frappait la terre
Comme on pousse du pied le bord !

Et la terre a semblé l'entendre.
O mon Dieu ! lasse avant le soir,
Reçois cette ame triste et tendre,
Elle a tant désiré s'asseoir !

Ames souffrantes d'où la vie
Fuit comme d'un vase fêlé
Et qui ne gardent que la lie
Du calice de l'exilé !

Nous, absens de l'adieu suprême,
Nous qu'il plaignit et qu'il a fui,
Quelle immense part de nous-même
Est ensevelie avec lui !

A M. LE COMTE DE VIRIEU.

Combien de nos plus belles heures,
De tendres serremens de main,
De rencontres sous nos demeures,
De pas perdus sur les chemins !

Combien de muettes pensées
Que nous échangions d'un regard,
D'ames dans les ames versées,
De recueillemens à l'écart !

Que de rêves éclos en foule
De ce que l'âge a de plus beau,
Le pied du passant qui le foule
Presse avec lui sur son tombeau !

Ainsi nous mourons feuille à feuille,
Nos rameaux jonchent le sentier,
Et quand vient la main qui nous cueille
Qui de nous survit tout entier ?

Ces contemporains de nos ames,
Ces mains qu'enchaînait notre main,

Ces frères, ces amis, ces femmes,
Nous abandonnent en chemin !

A ce chœur joyeux de la route
Qui commençait à tant de voix,
Chaque fois que l'oreille écoute
Une voix manque chaque fois !

Chaque jour l'hymne recommence,
Plus faible et plus triste à noter.
Hélas ! c'est qu'à chaque distance
Un cœur cesse de palpiter !

Ainsi, dans la forêt voisine,
Où nous allions près de l'enclos,
Des cris d'une voix enfantine
Éveiller des milliers d'échos,

Si l'homme, jaloux de leur cime,
Met la cognée au pied des troncs,
A chaque chêne qu'il décime
Une voix tombe avec leurs fronts !

Il en reste un ou deux encore,
Nous retournons au bord du bois
Savoir si le débris sonore
Multiplie encor notre voix.

L'écho décimé d'arbre en arbre,
Nous jette à peine un dernier cri ;
Le bûcheron, au cœur de marbre,
L'abat dans son dernier abri.

Adieu les voix de notre enfance !
Adieu l'ombre de nos beaux jours !
La vie est un morne silence
Où le cœur appelle toujours !

XXIV.

VERS

ÉCRITS DANS LA CHAMBRE DE J.-J. ROUSSEAU

A L'ERMITAGE

Toi, dont le siècle encore agite la mémoire,
Pourquoi dors-tu si loin de ton lac, ô Rousseau ?
Un abîme de bruit, de malheur et de gloire,
Devait-il séparer ta tombe et ton berceau ?

De ce frais ermitage aux coteaux des Charmettes,
Par quels rudes sentiers ton destin t'a conduit?
Hélas! la terre ainsi traîne tous ses poètes
De leur berceau de paix à leur tombeau de bruit.

O forêt de Saint-Point! oh! cachez mieux ma cendre!
Sous le chêne natal de mon obscur vallon
Que l'écho de ma vie y soit tranquille et tendre,
Ah! c'est assez d'un cœur pour enfermer un nom.

A l'Ermitage de J.-J. Rousseau, le 7 juin 1833.

XXV.

UTOPIE

A MONSIEUR BOUCHARD *

« *Enfant des mers, ne vois-tu rien là-bas ?* »

Frère ! ce que je vois, oserai-je le dire !
Pour notre âge avancé, raisonner c'est prédire ;
Il ne faut pas gravir un foudroyant sommet,

---

* M. Bouchard, jeune poète de grande espérance et de haute philosophie, avait adressé à l'auteur une ode sur l'avenir poétique du monde, dont chaque strophe finissait par ce vers :

Enfant des mers, ne vois-tu rien là-bas ?

Cette ode et une autre pièce de vers adressée par M. Bouchard à M. de Lamartine, sur son voyage en Orient, ont été ajoutées à ce volume par l'Éditeur.

Voir sécher ou fleurir la verge du prophète,
Des cornes du bélier diviniser sa tête,
Ni passer sur la flamme au vent de la tempête
    Le pont d'acier de Mahomet.

Il faut plonger ses sens dans le grand sens du monde ;
Qu'avec l'esprit des temps notre esprit s'y confonde !
En palper chaque artère et chaque battemens,
Avec l'humanité s'unir par chaque pore,
Comme un fruit qu'en ses flancs la mère porte encore,
Qui, vivant de sa vie, éprouve avant d'éclore
    Ses plus obscurs tressaillemens !

Oh ! qu'il a tressailli, ce sein de notre mère !
Depuis que nous vivons, nous, son germe éphémère,
Nous, parcelle sans poids de sa vaste unité,
Quelle main créatrice a touché ses entrailles ?
De quel enfantement, ô Dieu ! tu la travailles ?
Et toi, race d'Adam, de quels coups tu tressailles
    Aux efforts de l'humanité ?

Est-ce un stérile amour de sa décrépitude ?
Un monstrueux hymen qu'accouple l'habitude ?
Embryon avorté du doute et du néant !
Est-ce un germe fécond de jeunesse éternelle
Que, pour éclore à temps, l'amour couvait en elle,
Et qui doit en naissant suspendre à sa mamelle
      L'homme Dieu d'un monde géant ?

Frère du même lait, que veux-tu que je dise ?
Que suis-je à ses destins pour que je les prédise ?
Moi qui sais sourdement que son sein a gémi,
Moi qui ne vois de jour que celui qu'elle allume,
Moi qu'un atome ombrage et qu'un éclair consume,
Et qui sens seulement au frisson de ma plume
      Que l'onde où je nage a frémi !

Écoute, cependant ! Il est dans la nature
Je ne sais quelle voix sourde, profonde, obscure,
Et qui révèle à tous ce que nul n'a conçu.
Instinct mystérieux d'une ame collective,

Qui, pressent la lumière avant que l'aube arrive,
Lit au livre infini sans que le doigt écrive,
    Et prophétise à son insu !

C'est l'aveugle penchant des vagues oppressées
Qui reviennent sans fin, de leur lit élancées,
Battre le roc miné de leur flux écumant,
C'est la force du poids qui dans le corps gravite,
La sourde impulsion des astres dans l'orbite,
Ou sur l'axe de fer l'aiguille qui palpite
    Vers les pôles où dort l'aimant !

C'est l'éternel soupir qu'on appelle chimère,
Cette aspiration qui prouve une atmosphère,
Ce dégoût du connu, cette soif du nouveau,
Qui semblent condamner la race qui se lève
A faire un marche-pied de ce que l'autre achève,
Jusqu'à ce qu'au niveau des astres qu'elle rêve
    Son monde ait porté son niveau !

Il se trompe, dis-tu ? Quoi donc ! se trompe-t-elle
L'eau qui se précipite où sa pente l'appelle ?
Se trompe-t-il le sein qui bat pour respirer ?
L'air qui veut s'élever, le poids qui veut descendre ?
Le feu qui veut brûler tant que tout n'est pas cendre ?
Et l'esprit que Dieu fit sans bornes pour comprendre,
  Et sans bornes pour espérer ?

Élargissez, mortels, vos ames rétrécies !
O siècles ! vos besoins ce sont vos prophéties !
Votre cri de Dieu même est l'infaillible voix !
Quel mouvement sans but agite la nature ?
Le possible est un mot qui grandit à mesure,
Et le temps qui s'enfuit vers la race future
  A déjà fait ce que je vois...

   ✻

  La mer dont les flots sont les âges,
  Dont les bords sont l'éternité,
  Voit fourmiller sur ses rivages

Une innombrable humanité !
Ce n'est plus la race grossière
Marchant les yeux vers la poussière,
Disputant l'herbe aux moucherons,
C'est une noble et sainte engeance
Où tout porte l'intelligence
Ainsi qu'un diadème aux fronts.

Semblables aux troupeaux serviles
Sur leurs pailles d'infections,
Ils ne vivent pas dans des villes,
Ces étables des nations ;
Sur les collines et les plaines,
L'été, comme des ruches pleines,
Les essaims en groupe pareil,
Sans que l'un à l'autre l'envie,
Chacun a son arpent de vie
Et sa large place au soleil.

Les élémens de la nature,
Par l'esprit enfin surmontés,
Lui prodiguant la nourriture

UTOPIE.

Sous l'effort qui les a domptés,
Les nobles sueurs de sa joue
Ne vont plus détremper la boue
Que sa main doit ensemencer,
La sainte loi du labeur change,
Son esprit a vaincu la fange
Et son travail est de penser.

Il pense, et de l'intelligence
Les prodiges multipliés
Lui font de distance en distance
Fouler l'impossible à ses piés.
Nul ne sait combien de lumière
Peut contenir notre paupière,
Ni ce que de Dieu tient la main,
Ni combien de mondes d'idées,
L'une de l'autre dévidées,
Peut contenir l'esprit humain.

Elle a balayé tous les doutes,
Celle qu'en feux le ciel écrit,
Celle qui les éclaire toutes :

L'homme adore et croit en esprit.
Minarets, pagodes et dômes
Sont écroulés sur leurs fantômes,
Et l'homme, de ces dieux vainqueur,
Sous tous ces temples en poussière,
N'a ramassé que la prière
Pour la transvaser dans son cœur !

Un seul culte enchaîne le monde
Que vivifie un seul amour :
Son dogme, où la lumière abonde,
N'est qu'un évangile au grand jour ;
Sa foi, sans ombre et sans emblème,
Astre éternel que Dieu lui-même
Fait grandir sur notre horizon,
N'est que l'image immense et pure
Que le miroir de la nature
Fait rayonner dans la raison.

C'est le verbe pur du Calvaire,
Non tel qu'en terrestres accens
L'écho lointain du sanctuaire

En laissa fuir le divin sens,
Mais, tel qu'en ses veilles divines
Le front du couronné d'épines
S'illuminait d'un jour soudain ;
Ciel incarné dans la parole,
Dieu dont chaque homme est le symbole,
Le songe du Christ au jardin !...

Cette loi, qui dit à tous : Frère,
A brisé ces divisions
Qui séparaient les fils du père
En royaumes et nations.
Semblable au métal de Corinthe
Qui, perdant la forme et l'empreinte
Du sol ou du rocher natal
Quand sa lave fut refroidie,
Au creuset du grand incendie
Fut fondu dans un seul métal !

Votre tête est découronnée,
Rois, césars, tyrans, dieux mortels
A qui la terre prosternée

Dressait des trônes pour autels !
Quand l'égalité fut bannie
L'homme inventa la tyrannie
Pour qu'un seul exprimât ses droits ;
Mais au jour de Dieu qui se lève
Le sceptre tombe sur le glaive,
Nul n'est esclave, et tous sont rois !...

La guerre, ce grand suicide,
Ce meurtre impie à mille bras,
Ne féconde plus d'homicide
Ces sillons de cadavres gras.
Leur soif de morts est assouvie ;
Séve de pourpre de la vie,
L'homme a sacré le sang humain,
Il sait que Dieu compte ses gouttes
Et vengeur les retrouve toutes
Ou dans la veine... ou sur la main !

Et nul n'absout ou ne condamne,
Mais chacun porte dans un cœur
Dont la conscience est l'organe,

La loi, le juge et le vengeur.
La loi de rature en rature,
A si bien écrit la nature,
Dont la révolte enfin s'est tu,
Que semblable à la Providence
Elle a trouvé la concordance
Des instincts et de la vertu.

Avec les erreurs et les vices
S'engendrant éternellement,
Toutes les passions factices
Sont mortes faute d'aliment.
Pour élargir son héritage
L'homme ne met plus en ôtage
Ses services contre de l'or;
Serviteur libre et volontaire,
Une demande est son salaire
Et le bienfait est son trésor.

L'égoïsme, étroite pensée,
Qui hait tout pour n'adorer qu'un,
Maudit son erreur insensée,

Et jouit du bonheur commun ;
Au lieu de resserrer son ame,
L'homme immense en étend la trame
Aussi loin que l'humanité,
Et sûr de grandir avec elle
Répand sa vie universelle
Dans l'indivisible unité !

. . . .
. . . .

« Oh ! dis-tu, si ton ame a vu toutes ces choses,
« Si l'humanité marche à ces apothéoses,
« Comment languir si loin ? comment croupir si bas ?
« Comment rentrant au cœur sa colère indignée,
« Suivre dans ses sillons la brute résignée
« Et ne pas soulever la hache et la cognée
    « Pour lui faire presser ses pas ?

« Honte à nous ! honte à toi, faible et timide athlète !
« Allume au ciel ta torche ! » Ami, dit le poète,

Nul ne peut retenir, ni presser les instans ;
Dieu qui, dans ses trésors, les puise en abondance,
Pour ses desseins cachés, les presse ou les condense ;
Les hâter c'est vouloir hâter sa Providence :
    Les pas de Dieu sont ceux du temps !

Eh ! que sert de courir dans la marche sans terme ?
Le premier, le dernier, qu'on l'ouvre ou qu'on la ferme,
La mort nous trouve tous et toujours en chemin !
Le paresseux s'assied, l'impatient devance,
Le sage sur la route où le siècle s'avance,
Marche avec la colonne au but qu'il voit d'avance,
    Au pas réglé du genre humain !

Il est dans les accès des fièvres politiques
Deux natures sans paix de cœurs antipathiques ;
Ceux-là dans le roulis, niant le mouvement,
Pour végétation prenant la pourriture,
A l'immobilité condamnant la nature,
Et mesurant haineux à leur courte ceinture

Son gigantesque accroissement !

Ceux-ci voyant plus loin sur un pied qui se dresse,
Buvant la vérité jusqu'à l'ardente ivresse,
Mêlant au jour divin l'éclair des passions,
Voudraient pouvoir ravir l'étincelle à la foudre
Et que le monde entier fût un monceau de poudre
Pour faire d'un seul coup tout éclater en poudre,
    Lois, autels, trônes, nations !

Nous, amis ! qui plus haut fondons nos confiances,
Marchons au but certain sans ces impatiences ;
La colère consume et n'illumine pas ;
La chaste vérité n'engendre pas la haine ;
Si quelque vil débris barre la voie humaine,
Écartons de la main l'obstacle qui la gêne,
    Sans fouler un pied sous nos pas !

Dieu saura bien sans nous accomplir sa pensée,

UTOPIE.

Son front dort-il jamais sur l'œuvre commencée ?
Homme ! quand il attend, pourquoi t'agites-tu ?
Quel trait s'est émoussé sur le but qu'il ajuste ?
N'étendons pas le Temps sur le lit de Procuste !
La résignation est la force du juste !
    La patience est sa vertu !

Ne devançons donc pas le lever des idées,
Ne nous irritons pas des heures retardées,
Ne nous enfermons pas dans l'orgueil de nos lois !
Du poids de son fardeau, si l'humanité plie,
Prêtons à son rocher notre épaule meurtrie,
Servons l'humanité, le siècle, la patrie :
    Vivre en tout, c'est vivre cent fois !

C'est vivre en Dieu, c'est vivre avec l'immense vie
Qu'avec l'être et les temps sa vertu multiplie,
Rayonnement lointain de sa divinité !
C'est tout porter en soi comme l'ame suprême,
Qui sent dans ce qui vit et vit dans ce qu'elle aime,

UTOPIE.

Et d'un seul point du temps c'est se fondre soi-même
    Dans l'universelle unité ?

Ainsi quand le navire aux épaisses murailles
Qui porte un peuple entier, bercé dans ses entrailles,
Sillonne au point du jour l'océan sans chemin,
L'astronome chargé d'orienter la voile
Monte au sommet des mâts où palpite la toile,
Et promenant ses yeux de la vague à l'étoile,
    Se dit : Nous serons là demain !

Puis quand il a tracé sa route sur la dune
Et de ses compagnons présagé la fortune,
Voyant dans sa pensée un rivage surgir,
Il descend sur le pont où l'équipage roule,
Met la main au cordage et lutte avec la houle ;
Il faut se séparer, pour penser, de la foule,
    Et s'y confondre pour agir !

        Saint-Point, 21 et 22 Août 1837.

XXVI.

LA FEMME

A MONSIEUR DECAISNE

APRÈS AVOIR VU SON TABLEAU DE LA CHARITÉ

O femme ! éclair vivant dont l'éclat me renverse !
O vase de splendeur qu'un jour de Dieu transperce !
Pourquoi nos yeux ravis fondent-ils sous les tiens ?

Pourquoi mon ame en vain sous sa main comprimée
S'élance-t-elle à toi comme une aigle enflammée
Dont le feu du bûcher a brisé les liens ?

Déjà l'hiver blanchit les sommets de ma vie
Sur la route au tombeau que mes pieds ont suivie,
Ah ! j'ai derrière moi bien des nuits et des jours !
Un regard de quinze ans s'il y daignait descendre
Dans mon cœur consumé, ne remûrait que cendre,
Cendres de passions qui palpitent toujours !

Je devrais détourner mon cœur de leur visage,
Me ranger en baissant les yeux sur leur passage,
Et regarder de loin ces fronts éblouissans
Comme l'on voit monter de leur urne fermée
Les vagues de parfum et de sainte fumée
Dont les enfans de chœur vont respirer l'encens !

Je devrais contempler avec indifférence

Ces vierges, du printemps rayonnante espérance,
Comme l'on voit passer sans regret et sans pleurs,
Au bord d'un fleuve assis, ses vagues fugitives
Dont le courant rapide emporte à d'autres rives
Des flots, où des amans ont effeuillé des fleurs !

Cependant plus la vie au soleil s'évapore,
O filles de l'Éden ! et plus on vous adore !
L'odeur de nos soupirs vous parfume les vents !
Et même quand l'hiver de vos graces nous sèvre,
Non ! ce n'est pas de l'air qu'aspire votre lèvre :
L'air que vous respirez, c'est l'ame des vivans !

Car l'homme éclos un jour d'un baiser de ta bouche,
Cet homme dont ton cœur fut la première couche,
Se souvient à jamais de son nid réchauffant,
Du souffle où de sa vie il puisa l'étincelle,
Des étreintes d'amour au creux de ton aisselle,
Et du baiser fermant sa paupière d'enfant !

Mais si tout regard d'homme à ton visage aspire,
Ce n'est pas seulement parce que ton sourire
Embaume sur tes dents l'air qu'il fait palpiter,
Que sous le noir rideau des paupières baissées
On voit l'ombre des cils recueillir des pensées,
Où notre ame s'envole et voudrait habiter.

Ce n'est pas seulement parce que de la tête
La lumière glissant sans qu'un angle l'arrête,
Sur l'ondulation de tes membres polis
T'enveloppe d'en haut dans ses rayons de soie
Comme une robe d'air et de jour qui te noie
Dans l'éther lumineux d'un vêtement sans plis !

Ce n'est pas seulement parce que tu déplies
Voluptueusement ces bras dont tu nous lies,
Chaîne qui d'un seul cœur réunit les deux parts,
Que ton cou de ramier sur l'aile se renverse
Et que s'enfle à ton sein cette coupe qui verse
Le nectar à la bouche et l'ivresse aux regards !

Mais c'est que le Seigneur, ô belle créature !
Fit de toi le foyer des feux de la nature,
Que par toi tout amour a son pressentiment,
Que toutes voluptés dont le vrai nom est femme,
Traversent ton beau corps ou passent par ton ame,
Comme toutes clartés tombent du firmament !

Cette chaleur du ciel, dont ton sein surabonde,
A deux rayonnemens pour embraser le monde
Selon que son foyer fait ondoyer son feu ;
Lorsque sur un seul cœur ton ame le condense,
L'homme est roi, c'est l'amour ! il devient Providence
Quand il s'épand sur tous et rejaillit vers Dieu.

Alors on voit l'enfant renversé sur ta hanche,
Effeuiller le bouton que ta mamelle penche
Comme un agneau qui joue avec le flot qu'il boit ;
L'adolescent qu'un geste à tes genoux rappelle,
Suivre de la pensée au livre qu'il épelle
La sagesse enfantine écrite sous tes doigts !

L'orphelin se cacher dans les plis de ta robe,
L'indigent savourer le regard qu'il dérobe,
Le vieillard à tes pieds s'asseoir à ton soleil,
Le mourant dans son lit retourné sans secousse
Sur ce bras de la femme où la mort même est douce,
S'endormir dans ce sein qu'il pressait au réveil !

Amour et charité, même nom dont on nomme
La pitié du Très-Haut et l'extase de l'homme !
Oui ! tu les as compris, peintre aux langues de feu !
La beauté sous ta main, par un double mystère,
Unit ces deux amours du ciel et de la terre.
Ah ! gardons l'un pour l'homme et brûlons l'autre à Dieu

Paris, 10 Décembre 1838.

XXVII.

LA CLOCHE DU VILLAGE

———

Oh! quand cette humble cloche à la lente volée
Épand comme un soupir sa voix sur la vallée,
Voix qu'arrête si près le bois ou le ravin,
Quand la main d'un enfant qui balance cette urne
En verse à sons pieux dans la brise nocturne
     Ce que la terre a de divin !

LA CLOCHE DU VILLAGE.

Quand du clocher vibrant l'hirondelle habitante
S'envole au vent d'airain qui fait trembler sa tente,
Et de l'étang ridé vient effleurer les bords,
Ou qu'à la fin du fil qui chargeait sa quenouille
La veuve du village, à ce bruit s'agenouille
      Pour donner leur aumône aux morts :

Ce qu'éveille en mon sein le chant du toit sonore
Ce n'est pas la gaîté du jour qui vient d'éclore,
Ce n'est pas le regret du jour qui va finir,
Ce n'est pas le tableau de mes fraîches années
Croissant sur ces coteaux parmi ces fleurs fanées
      Qu'effeuille encor mon souvenir ;

Ce n'est pas mes sommeils d'enfant sous ces platanes,
Ni ces premiers élans du jeu de mes organes,
Ni mes pas égarés sur ces rudes sommets,
Ni ces grands cris de joie en aspirant vos vagues,
O brises du matin pleines de saveurs vagues
      Et qu'on croit n'épuiser jamais !

LA CLOCHE DU VILLAGE.

Ce n'est pas le coursier atteint dans la prairie
Pliant son cou soyeux sous ma main aguerrie
Et mêlant sa crinière à mes beaux cheveux blonds,
Quand le sol sous ses pieds sonnant comme une enclume,
Sa croupe m'emportait et que sa blanche écume
     Argentait l'herbe des vallons !

Ce n'est pas même, amour ! ton premier crépuscule,
Au mois où du printemps la séve qui circule
Fait fleurir la pensée et verdir le buisson,
Quand l'ombre ou seulement les jeunes voix lointaines
Des vierges rapportant leurs cruches des fontaines
     Laissaient sur ma tempe un frisson.

Ce n'est pas vous non plus, vous que pourtant je pleure
Premier bouillonnement de l'onde intérieure,
Voix du cœur qui chantait en s'éveillant en moi,
Mélodieux murmure embaumé d'ambroisie
Qui fait rendre à sa source un vent de poésie !...
     O gloire, c'est encor moins toi !

De mes jours sans regret que l'hiver vous remporte
Avec le chaume vide, avec la feuille morte,
Avec la renommée, écho vide et moqueur !
Ces herbes du sentier sont des plantes divines
Qui parfument les pieds ; oui, mais dont les racines
    Ne s'enfoncent pas dans le cœur !

Guirlandes du festin que pour un soir on cueille,
Que la haine empoisonne ou que l'envie effeuille,
Dont vingt fois sous les mains la couronne se rompt,
Qui donnent à la vie un moment de vertige,
Mais dont la fleur d'emprunt ne tient pas à la tige
    Et qui sèche en tombant du front.

※

C'est le jour où ta voix dans la vallée en larmes
Sonnait le désespoir après le glas d'alarmes,
Où deux cercueils passant sous les coteaux en deuil,

Et bercés sur des cœurs par des sanglots de femmes,
Dans un double sépulcre enfermèrent trois ames
    Et m'oublièrent sur le seuil !

De l'aurore à la nuit, de la nuit à l'aurore,
O cloche ! tu pleuras comme je pleure encore,
Imitant de nos cœurs le sanglot étouffant ;
L'air, le ciel, résonnaient de ta complainte amère
Comme si chaque étoile avait perdu sa mère
    Et chaque brise son enfant !

Depuis ce jour suprême où ta sainte harmonie,
Dans ma mémoire en deuil, à ma peine est unie,
Où ton timbre et mon cœur n'eurent qu'un même son,
Oui ! ton bronze sonore et trempé dans la flamme,
Me semble, quand il pleure, un morceau de mon ame
    Qu'un ange frappe à l'unisson !

Je dors lorsque tu dors, je veille quand tu veilles,

Ton glas est un ami qu'attendent mes oreilles ;
Entre la voix des tours je démêle ta voix,
Et ta vibration encore en moi résonne
Quand l'insensible bruit qu'un moucheron bourdonne
  Te couvre déjà sous les bois !

Je me dis : Ce soupir mélancolique et vague
Que l'air profond des nuits roule de vague en vague,
Ah ! c'est moi, pour moi seul, là haut retentissant !
Je sais ce qu'il me dit, il sait ce que je pense,
Et le vent qui l'ignore, à travers ce silence,
  M'apporte un sympathique accent.

Je me dis : Cet écho de ce bronze qui vibre,
Avant de m'arriver au cœur de fibre en fibre,
A frémi sur la dalle où tout mon passé dort,
Du timbre du vieux dôme il garde quelque chose,
La pierre du sépulcre, où mon amour repose,
  Sonne aussi dans ce doux accord !

Ne t'étonne donc pas, enfant, si ma pensée
Au branle de l'airain secrètement bercée,
Aime sa voix mystique et fidèle au trépas,
Si dès le premier son qui gémit sous sa voûte,
Sur un pied suspendu, je m'arrête et j'écoute
  Ce que la mort me dit tout bas.

Et toi, saint porte-voix des tristesses humaines,
Que la terre inventa pour mieux crier ses peines,
Chante ! des cœurs brisés le timbre est encor beau !
Que ton gémissement donne une ame à la pierre,
Des larmes aux yeux secs, un signe à la prière,
  Une mélodie au tombeau !

Moi, quand des laboureurs porteront dans ma bière
Le peu qui doit rester ici de ma poussière,
Après tant de soupirs que mon sein lance ailleurs,
Quand des pleureurs gagés, froide et banale escorte,
Déposeront mon corps endormi sous la porte
    Qui mène à des soleils meilleurs,

Si quelque main pieuse en mon honneur te sonne,
Des sanglots de l'airain, oh ! n'attriste personne,
Ne va pas mendier des pleurs à l'horizon,
Mais prends ta voix de fête et sonne sur ma tombe
Avec le bruit joyeux d'une chaîne qui tombe
    Au seuil libre d'une prison !

Ou chante un air semblable au cri de l'alouette
Qui s'élevant du chaume où la bise la fouette,
Dresse à l'aube du jour son vol mélodieux,
Et gazouille ces chants qui font taire d'envie
Ses rivaux attachés aux ronces de la vie
    Et qui se perd au fond des cieux !

ENVOI

Mais sonne avant ce jour, sonne doucement l'heure
Où quelque barde ami, dans mon humble demeure,
Vient de mon cœur malade éclairer le long deuil,
Et me laisse en partant, charitable dictame,
Deux gouttes du parfum qui coule de son ame
    Pour embaumer longtemps mon seuil.

A M. DE LAMARTINE

PAR M. BOUCHARD

L'AVENIR POLITIQUE EN 1837 *

Comme un vaisseau qui marche sans boussole,
L'humanité flotte au sein de la nuit,
Cherchant des yeux le phare qui console
A l'horizon où nul flambeau ne luit ;

---

* Les deux odes qui suivent sont celles auxquélles répond M. de Lamartine dans la pièce intitulée Utopie.

Et l'équipage épouvanté, répète
Au mousse assis à la pointe des mâts :
Toi dont l'œil perce à travers la tempête,
Enfant des mers, ne vois-tu rien là bas ?

Interrompant la chanson qu'il commence,
Le mousse alors répond au matelot :
Je ne vois rien qu'un océan immense
Où chaque siècle est perdu comme un flot ;
Gouffre sans fond qu'un ciel d'airain surplombe,
Tombeau des mois, des cités, des états.
— L'arche du monde attend une colombe ;
Enfant des mers, ne vois-tu rien là bas ?

— Je vois au loin lutter contre l'orage
Sur un radeau d'infortunés proscrits,
Lambeaux sacrés d'un immortel naufrage,
De la Pologne héroïques débris :
Peuple qui vient, la poitrine meurtrie,
A nos foyers raconter ses combats.

A M. DE LAMARTINE.

— Aux exilés Dieu rendra la patrie !
Enfant des mers, ne vois-tu rien là bas ?

— Je vois le Nord fondre comme un corsaire
Sur l'Orient, vieillard sans avenir,
Qui dans le sang du fougueux janissaire
Baigna ses pieds et crut se rajeunir.
— Quel bruit semblable à la foudre qui roule
A notre oreille éclate avec fracas ?
— Sur l'Alcoran c'est le sérail qui croule.
Enfant des mers, ne vois-tu rien là bas ?

Je vois encore une terre féconde,
Où l'oranger fleurit près des jasmins,
Terre d'amour qu'un soleil pur inonde
Et que ses fils déchirent de leurs mains.
C'est le démon de la discorde infame...
Mais Dieu sur lui vient d'étendre son bras :
Il tombe et meurt sous les pieds d'une femme.
— Enfant des mers, ne vois-tu rien là-bas ?

— Quels sont ces bords ? — C'est la belle Ausonie ;
De l'étranger j'y vois fumer les camps :
Le despotisme enchaîne son génie
Et dort tranquille au pied de ses volcans.
Mais le Vésuve, indigné d'être esclave,
Brise ses flancs et vomit des soldats :
La liberté bouillonne dans sa lave.
— Enfant des mers, ne vois-tu rien là bas ?

D'un monde usé pourquoi parler sans cesse ?
Signale-nous ce monde généreux,
Frais d'avenir, d'amour et de jeunesse,
Des cœurs aimans doux espoir, rêve heureux.
Mille parfums enivrent cette terre :
Des fruits partout ! des fleurs à chaque pas !
De l'avenir, toi qui sais le mystère,
Enfant des mers, ne vois-tu rien là bas ?

— Oui, le voilà ! je l'entrevois dans l'ombre ;
Nul pas humain n'a profané ses bords :

A M. DE LAMARTINE.

Courage, amis ! en vain la nuit est sombre,
En vain l'éclair embrase nos sabords ;
De ce vieux monde oublions les mensonges,
Les noirs fléaux et les soleils ingrats :
Dieu va semer le bonheur sur nos songes.
Marchons toujours, le bonheur est là bas.

Ainsi toujours sur la mer éternelle
L'humanité promène un œil hagard ;
Ce jeune mousse, ardente sentinelle,
C'est toi, poète au dévorant regard.
Quand l'équipage à genoux pleure et prie,
Quand matelots et pilote sont las,
Prophète aimé, Dieu par ta voix leur crie :
Marchez toujours ! le bonheur est là bas !

A M. DE LAMARTINE

SUR SON VOYAGE EN ORIENT, EN 1833

PAR M. BOUCHARD

Sous le vent frais qui déroulait sa voile
Il est parti vers ces bords éclatans,
Terre promise où brille son étoile
Et que son ame espéra si longtemps.

Brise des mers, sois douce et parfumée !
Flots, calmez-vous ; ciel, sois toujours serein !
Reverdissez, cèdres de l'Idumée ;
Dieu soit en aide au pieux pèlerin !

Sur cette Grèce au brûlant territoire
Jette, ô poète, un rayon d'avenir.
Là, chaque pierre est un feuillet d'histoire ;
Là, chaque pas presse un grand souvenir.
On reconnait les descendans d'Alcide
Dans son vieux Klephte et son brave marin :
Des champs d'Argos aux monts de la Phocide,
Dieu soit en aide au pieux pèlerin !

Ta mission dans les cieux est écrite ;
Cours promener ta vie aux rêves d'or
Dans ces déserts où l'Arabe s'abrite
Aux sphinx de Thèbe, au palais de Luxor.
Tu rediras, en voyant sous le sable
Ces dieux, géans de granit et d'airain :

A M. DE LAMARTINE.

Vous, seul, Seigneur, êtes impérissable !
Dieu soit en aide au pieux pèlerin !

Transports sacrés, religieux délire,
Enthousiasme, aigle aux ailes de feu,
Électrisez le croisé de la lyre
Dans la Sion où souffrit l'homme Dieu.
Écho du ciel, ton hymne va descendre
Sur cette veuve au front pâle et chagrin :
Jérusalem va secouer sa cendre.
Dieu soit en aide au pieux pèlerin !

Tu les verras, ces rivages d'Asie
Que l'œil compare à des jardins flottans,
Où tout est fleurs, lumière et poésie,
Où le zéphir éternise un printemps :
Et la Stamboul, reine aux mille coupoles,
Sous le soleil éblouissant écrin :
Mon cœur te suit aux bords où tu t'envoles.
Dieu soit en aide au pieux pèlerin !

Va, jeune cygne à l'accent prophétique,
Va sous le ciel d'un monde plus riant,
Pour agrandir ton essor poétique,
Tremper ton aile aux parfums d'Orient ;
Puis verse-nous ces trésors d'harmonie
Qu'attend ma muse au modeste refrain :
Dieu que j'implore a béni ton génie ;
Dieu soit en aide au pieux pèlerin !

TABLE DES MATIÈRES.

Pages.

Lettre à M. Léon Bruys d'Ouilly, servant de préface. 1

RECUEILLEMENS POÉTIQUES.

I Cantique sur la mort de madame la duchesse de B**. 27
II A une jeune fille qui pleurait sa mère. 43
III Épisode de Jocelyn. Variante. 45
IV A M. de Genoude, sur son ordination. 55

TABLE DES MATIÈRES.

V A madame *** qui fondait une salle d'asile. 63
VI A M. Wap, poëte hollandais, en réponse à une Ode adressée à l'auteur sur la mort de sa fille. 65
VII A madame la duchesse de R***, sur son album. 73
VIII A une jeune Moldave. 77
IX Réponse à un curé de campagne. 81
X Amitié de femme. A madame L***, sur son album. 87
XI Épitaphe des prisonniers français, morts pendant leur captivité en Angleterre. 91
XII A un anonyme. 93
XIII A M. Félix Guillemardet, sur sa maladie. 95
XIV Fragment biblique. 105
XV Toast porté dans un banquet national des Gallois et des Bretons, à Abergavenny dans le pays de Galles. 121
XVI A une jeune fille poète. 129
XVII Cantique sur un rayon de soleil. 141
XVIII Épitre à M. Adolphe Dumas. 153
XIX A une jeune fille qui me demandait de mes cheveux. 171
XX A Angelica. 175
XXI A Augusta. 177
XXII Tombeau de David à Jérusalem. A M. Dargaud. 179

TABLE DES MATIÈRES.

XXIII A M. le comte de Virieu, sur la mort de M. le baron de Vignet.	197
XXIV Vers écrits dans la chambre de J.-J. Rousseau à l'Ermitage.	205
XXV Utopie, à M. Bouchard.	207
XXVI La Femme, à M. Decaisne.	223
XXVII La cloche du village.	229
A M. de Lamartine, par M. Bouchard. L'avenir politique en 1837.	239
A M. de Lamartine, sur son voyage en Orient, en 1833, par le même auteur.	245

FIN DE LA TABLE.

www.ingramcontent.com/pod-product-compliance
Lightning Source LLC
Chambersburg PA
CBHW070637170426
43200CB00010B/2050